KB129518

아동관찰 및 행동연구

강현경 · 김성숙 · 김정희 공저

CHILD OBSERVATION AND BEHAVIORAL RESEARCH

학지사

　관찰은 아동의 행동을 객관적·체계적으로 이해하는 기본적인 방법이다. 또한 아동의 행동을 평가하는 방법으로 이용되는 관찰은 일상 사건이나 행동에 대한 무의식적 또는 우연한 관찰이라기보다는 주로 특정한 목적을 가지고 체계적인 절차를 통해 이루어지기에 과학적 연구라 할 수 있다.

　유아교육기관에서 유아 교사가 관찰을 중요하게 생각하고 영유아의 행동을 세밀히 관찰하여 발달 상황을 기록하는 것은 매우 중요하다. 따라서 아동에 대한 관찰은 일회성에 그치지 말고 면밀한 장단기 계획을 세워 꾸준한 관심을 가지고 행해져야 한다. 영유아기에 해당하는 아이에 대한 정보 수집은 성인과 달리 언어를 매개로 한 접근이 쉽지 않으며, 특히 놀이는 아이들의 생활 그 자체이기에 아이와 함께 놀이를 전개하면서 아이와 관련된 정보를 수집하는 것은 다른 어떤 방법보다 효과적이며 유익한 정보를 얻을 수 있다는 이점을 갖고 있다.

　이 책은 '아동관찰의 이해' '아동행동의 이해' '아동관찰 및 행동연구의 실제'의 3부로 나누어 진행되고 있다.

제1부에서는 관찰의 목적과 필요성을 논의하고 관찰의 절차에서는 관찰자
료를 분석한 예시를 통해 이해를 도왔으며 이에 더해 관찰자료를 기록·추
론·평가해 보는 실제를 경험해 보도록 구성하였다. 또한 다양한 관찰방법
을 실제적 관찰 예시와 함께 제시하고 있다.

제2부에서는 아동행동의 이해를 위하여 행동이란 무엇이고 그 행동의 원
인이 무엇인지, 아동행동의 유형은 어떤 것인지 이론적 기반을 구축할 수 있
도록 하였다. 또한 아동행동의 이해를 위한 평가 및 검사에 대한 내용을 함께
담고 있다. 교사가 검사를 실제적으로 수행하는 것은 어려움이 있지만 한편
으로는 정확한 아동평가를 위한 검사의 실제를 배울 수 있다. 이를 위해 심리
검사 현장에서 종합심리검사(full battery)로 사용되고 있는 검사들 위주로 제
시하고 있다. 또한 영유아의 발달이해를 위한 검사도 함께 제시하였다.

제3부에서는 2019 개정 누리과정과 4차 표준보육과정의 변화 양상에 맞추
어 놀이에 중점을 둔 평가의 실제를 제시하였다. 포트폴리오 평가, 누리과정
평가, 표준보육과정 평가에 있어서 실제 어린이집 교사의 놀이에 중점을 둔
관찰과 평가 내용을 담고자 노력하였다. 지면을 통한 내용 수록에 어려움이
있어 QR코드를 사용하였으며, 이를 통해 실제 현장에서 어떻게 관찰과 평가
가 이루어지고 있는지 볼 수 있다. 더불어 제3부에서는 이러한 관찰과 평가
내용이 부모의 면담에 사용되도록 부모면담 내용도 함께 수록되어 있다.

이 책이 미래 유아교사를 꿈꾸는 예비교사가 관찰의 중요함을 깨닫고 아동
행동 관찰의 실제를 배우는 데 도움이 될 수 있기를 바라며, 책의 출판을 도
와주신 학지사 관계자분들께 감사의 마음을 전한다.

2021. 8.
저자 강현경, 김성숙, 김정희 드림

차례

제**1**부

아동
관찰의
이해

제1장

아동관찰의 의의

현빈: 블록으로 주차장 만들어야지~~!

하늘: (쌓기놀이 영역으로 가 현빈이가 들고 있던 블록을 뺏으며) 내가 먼저 생각했어!

현빈: (선생님을 쳐다보며) 선생님, 하늘이가 내 블록 뺏었어요!

　　유치원과 어린이집 교사는 쌓기놀이 영역에서 발생하는 위와 같은 상황을 자주 만나게 된다. 이러한 상황에서 교사는 어떻게 대처해야 할까? 현빈이와 하늘이가 놀이하는 모습을 지속적으로, 그리고 유심히 관찰하고 있었던 교사라면 이 상황에서 적절한 행동을 하기 위한 여러 가지 정보를 가지고 있을 것이다. 즉, 하늘이와 현빈이의 평상시 놀이 모습은 어떠한지, 하늘이가 현빈이의 블록을 뺏기 전 상황은 어떠한지, 하늘이의 뺏기 행동이 빈번하게 일어나는지, 블록을 빼앗긴 현빈이의 반응은 어떠한지, 하늘이와 현빈이의 사회·정서적 발달수준은 어떠한지 등에 대한 정보를 바탕으로 적절한 지원을 할 수 있을 것이다. 즉, 놀이 혹은 갈등상황에서의 교사의 적절한 행동은 일상생활 속에서 관찰을 통해 수집된 다양한 정보를 통해 가능하다.

1. 아동관찰의 의미

'사물이나 현상을 주의하여 자세히 살펴보는 것'이라는 사전적 의미를 지니는 관찰은 일상생활 속에서 진행되는 아동의 자연스러운 행동을 연구하는 데 가장 적합하며 과학적인 방법이다(이정환, 박은혜, 2009; 황해익, 2017).

이러한 관찰은 아동을 대상으로 하는 연구에서 가장 오랜 역사를 지니고 있으며 현재까지 가장 타당성을 인정받고 있는 방법이다. 일기 형식으로 아동의 행동을 기록한 페스탈로치, 세 자녀를 관찰한 후 인지 발달이론을 정립한 피아제, 관찰과 분석을 통해 고안한 교수법을 실제 교육에 적용한 몬테소리, 일방경과 영사기를 활용하여 아동의 운동 능력, 사회적 행동, 성격 특성을 연구한 게젤은 관찰을 통해 아동 발달이론을 과학적으로 정립한 대표적인 학자이다. 특히 몬테소리는 '내가 한 일은 다만 아이들을 관찰한 데 지나지 않으며, 아이들이 나에게 가르쳐준 것을 받아들여 표현했을 뿐이다.'라며 관찰의 의미와 중요성을 강조하였다(정이비, 2014).

유아교육학에서는 관찰을 '사물의 형태나 현상을 기존의 지식을 사용해서 주의 깊게 자세히 탐색하고 기술하는 활동'(한국유아교육학회, 1996)으로 정의하고 있는데, 관찰이 아동을 대상으로 오랫동안 사용되는 이유는 다음과 같은 아동의 발달적 특징에서 찾아볼 수 있다(이소영, 임재택, 2020; 전남련, 김인자, 백향기, 황연옥, 2016; 황해익, 최혜진, 권유선, 2019).

첫째, 아동은 자신이 관찰되는 상황을 크게 의식하지 않는다. 낯선 타인이 교실에 들어왔을 때 처음에는 관심을 보이지만 이내 그 존재를 잊고 자연스러운 행동을 보인다. 따라서 일상생활 속에서 아동의 자연스러운 행동을 관찰할 수 있다.

둘째, 아동은 언어로 자신의 의사를 완전하게 표현하는 데 서툴다. 연령이 어릴수록 자신의 생각과 감정을 구체적으로 표현하기가 쉽지 않기 때문에 언어적 표현뿐만 아니라 눈빛, 몸짓, 목소리 등 비언어적 표현 관찰을 통해 아동을 더 잘 이해할 수 있다.

셋째, 아동은 낯설고 인위적인 상황에서 집중하기 힘들어한다. 검사나 면접과 같은 방법으로는 자신의 능력을 최대한 발휘하지 못할 가능성이 높다. 따라서 자연스러운 놀이상황에서의 관찰을 통해 아동의 능력을 보다 정확하게 관찰할 수 있다.

넷째, 아동을 대상으로 한 연구에서의 실험실 통제 혹은 제재는 윤리적이지 않다. 하지만 관찰은 아동에게 특별한 조작이나 제재를 가하지 않은 상태에서 이루어지므로 윤리적으로 적절하다. 즉, 유아교육현장의 자연스러운 일상생활에서 객관적으로 관찰하기 때문에 가장 윤리적이라 할 수 있다.

이상에서 살펴본 바와 같이, 아동 관찰은 자연스러운 상황에서 아동의 전반적인 발달을 이해할 수 있는 가장 효과적인 방법이다.

2. 아동관찰의 목적

관찰은 일상생활 속에서의 아동의 자연스러운 행동을 이해할 수 있는 가장 적합한 방법이다. 교사는 관찰을 통해 아동의 발달수준, 강점, 흥미를 발견하게 되고 이를 바탕으로 놀이를 지원하고 활동에 대한 계획을 수립하게 된다. 특히 교사는 아동의 놀이를 따라가는 동안 놀이하며 배우는 아동의 유능함을 발견할 수 있으며 누리과정이 어떻게 실행되는지 알 수 있다(교육부, 보건복지부, 2019).

유아교육현장에서 아동을 대상으로 하는 관찰의 목적은 다음과 같이 정리할 수 있다.

첫째, 교사는 관찰을 통해 아동의 발달수준을 파악할 수 있다. 교사는 각연령에 따른 발달 규준에 비추어 개별 아동의 발달수준 정도를 확인하고, 각발달 영역에서의 발달수준 역시 확인할 수 있다. 즉, 교사는 자연스러운 일상에서의 관찰을 통해 아동의 신체, 인지, 정서, 사회 발달특성을 이해하고, 이를 토대로 발달특성 및 수준에 따른 적절한 지원을 할 수 있다.

둘째, 교사는 자연스러운 놀이상황에서의 관찰을 통해 아동의 흥미를 알수 있다. 자발적 참여를 통해 이루어지는 놀이를 관찰함으로써 현재 아동의흥미를 발견할 수 있으며, 이를 바탕으로 아동을 위한 활동을 계획할 수 있다.

셋째, 교사는 특정 발달 영역에서 보이는 아동의 강점과 발달지연을 발견및 확인할 수 있다. 지속적인 관찰을 통해 누적된 다양하고 구체적인 자료는

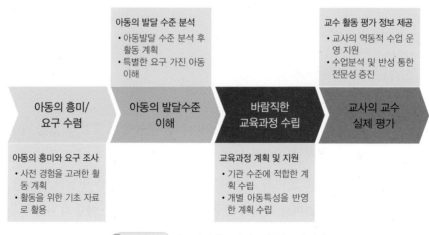

그림 1-1 아동관찰과 교사의 수업 전문성 발달

개별 아동의 강점과 발달지연 등을 객관적으로 분석하기 위한 정보로 활용할
수 있다. 보다 세밀하고 객관적인 관찰을 통해 영재성과 발달지연을 보이는
아동의 요구에 민감하게 반응할 수 있다.

넷째, 교사는 아동의 놀이, 일상생활, 활동을 잘 관찰하고 기록하여 아동의
배움을 지원하기 위한 계획을 수립할 수 있다. 즉, 관찰을 통해 아동에 대한
이해를 높임과 동시에 이를 바탕으로 자신의 교수 실제까지 객관적으로 평가
할 수 있다. 이를 통해 아동과의 상호작용, 놀이 지원 그리고 활동을 진행하
는 동안 교수 행동을 관찰하고 기록하는 과정을 통해 수업의 질을 평가하고
수정하는 등 교사로서의 전문성을 증진시킬 수 있다.

다섯째, 개별 아동을 관찰한 자료는 부모와의 면담 시 아동의 기관에서의
생활을 이해하는 데 중요한 정보로 활용할 수 있다. 유치원과 어린이집에서
의 아동의 일상생활과 놀이, 친구 관계, 교사와의 관계, 활동 참여 등에 대한
다양한 관찰 사례와 기록은 면담 시 아동에 대한 전반적인 이해를 하는 데 객
관적이며 중요한 자료가 될 수 있다.

이상에서 살펴본 바와 같이, 아동관찰은 교사가 개별 아동의 성장, 발달,
흥미, 강점 등에 대한 정보를 제공해 줌으로써 전인적인 관점에서 아동을 이
해하고 바라볼 수 있게 해 준다. 이를 토대로 교사는 개별 아동 및 학급에 적
합한 교육과정을 계획하고 운영함으로써 교사로서의 전문성을 증진시킬 수
있게 되며, 학부모는 기관에서의 아동의 생활은 물론이고, 자녀에 대해 객관
적으로 바라볼 수 있게 된다. 즉, 궁극적으로 아동의 전인적인 발달을 도울
수 있게 된다. 정리하자면, 아동관찰의 궁극적인 목적은 아동을 객관적으로
이해함으로써 추후 적절한 지원을 통해 전인적인 발달을 돕는 데 있다.

3. 아동관찰의 유형

아동관찰은 분류 기준에 따라 다양하게 구분되는데, 관찰장면의 참여 여부에 따라 참여 관찰과 비참여 관찰로 나눌 수 있으며, 관찰장면의 통제 여부에 따라 자연적 관찰과 통제적 관찰로 구분할 수 있다(황해익, 2017; 황해익, 최혜진, 권유선, 2019).

1) 참여 관찰과 비참여 관찰

아동관찰은 관찰자가 관찰장면에 구성원의 일원으로 함께하는 참여 관찰과 관찰장면의 현장에는 있으나 관찰장면에 참여하지 않고 관찰만 하는 비참여 관찰로 나눌 수 있다.

참여 관찰은 관찰자가 관찰하고자 하는 집단의 일원으로 함께 하루 일과를 보내거나 놀이하면서 관찰대상자의 자연스러운 행동을 관찰하는 방법이다. 이에 교사가 담당 학급 아동의 일상생활, 놀이, 활동을 함께 하며 아동의 모습을 직접 관찰하는 것이 대표적인 참여 관찰이며, 실습생 혹은 연구자가 교

실에서 아동과 함께 지내며 아동의 자연스러운 일상생활, 놀이, 활동의 모습
을 관찰하는 것 역시 참여 관찰이다.

　참여 관찰의 경우, 관찰 전 아동과의 라포 형성이 이루어져야 자연스러운
상황에서의 관찰이 가능하며 객관적이고 사실적인 정보를 획득할 수 있다.
이처럼 참여 관찰은 자연스러운 상황에서 아동의 모습을 있는 그대로 관찰할
수 있다는 것이 가장 큰 장점이다. 특히 참여 관찰은 놀이 안에서 아동이 경
험하는 기쁨, 슬픔, 좌절, 감동을 함께 경험하고 공유함으로써 아동이 놀이를
통해 경험하고 배우는 것을 가장 잘 이해할 수 있게 한다(교육부, 보건복지부,
2019). 하지만 참여 관찰의 과정에서 누적되는 관찰대상자에 대한 사전 정보
및 친밀한 관계는 관찰대상자에 대한 객관적인 관찰과 평가에 방해가 되기도
한다.

　비참여 관찰은 관찰자가 관찰장면의 현장에는 함께 하지만 관찰대상자의
일상생활, 놀이, 활동에 전혀 참여하지 않고 관찰만 하는 방법이다. 비참여
관찰 시에는 놀이 흐름을 따라가되 아동이 몰입하고 있는 상황에 방해가 되
지 않도록 관찰하는 것이 가장 중요하다. 이를 위해 관찰자는 아동의 주의를
끌지 않는 곳에서 관찰해야 하고, 교실에서 이동 시 조용히 움직여야 하며,
반드시 앉아서 아동을 관찰해야 한다. 또한 아동의 질문에 최대한 단답형으

로 반응함으로써 계속적인 상호작용으로 연결되지 않도록 해야 하며, 아동의 행동이나 말에 정서적인 반응을 보이는 것도 삼가야 한다. 의도치 않은 아동과의 상호작용과 정서적인 반응은 관찰에 영향을 줄 수 있다.

교실에 설치한 CCTV를 다른 공간에서 보며 아동을 관찰하거나, 일방경을 통해 교실 속 아동의 모습을 관찰하는 것이 대표적인 비참여 관찰 방법이다. 비참여 관찰은 참여 관찰과 비교할 때, 관찰대상자를 보다 객관적으로 관찰할 수 있다는 장점이 있으나, 아동과 같은 공간에 있지 않거나 놀이 흐름을 함께 하지 않는다는 점에서 정확하고 구체적인 자료를 얻기 쉽지 않다는 단점이 있다.

2) 자연적 관찰과 통제적 관찰

관찰하고자 하는 장면의 통제 여부에 따라 자연적 관찰과 통제적 관찰로 구분할 수 있다.

자연적 관찰은 관찰장면에 인위적인 조작이나 통제를 가하지 않은 자연스러운 상태로 관찰하는 방법이다. 이에 관찰자는 유치원과 어린이집의 자연스러운 일상을 있는 그대로 관찰하고 기록할 수 있어 가장 객관적이고 사실적인 자료를 얻을 수 있다. 또한 자연적 관찰은 예상하지 못한 아동의 모습과 상황을 발견하는 좋은 기회가 될 수도 있다. 하지만 관찰목적, 관찰대상, 관찰 행동에 대한 아무런 계획 없이 관찰하게 될 경우, 관찰대상자를 전체적으로 이해하기에 부족한 단편적인 자료만 얻게 되는 단점이 있다. 교사가 자신의 교실에서 아동의 일상생활, 놀이, 활동을 자연스러운 상황을 관찰하거나 실습생이 자연스러운 교실상황에서 아동의 모습을 관찰하는 대부분이 자연적 관찰이다.

한편, 통제적 관찰은 특정 목적을 위해 관찰장면을 통제하거나 의도적으로 조작하여 그 안에서 관찰대상자의 행동을 관찰하는 방법이다. 즉, 통제되거나 조작된 상황에 따라 관찰대상자의 반응이 어떠한지를 관찰하는 것이 바로 통제적 관찰이며, 해리 할로의 원숭이 실험([그림 1-2])과 에인스워스의 낯선 상황 실험([그림 1-3])을 그 예로 들 수 있다. 사랑의 본질이 생존을 위한 먹이에 있는지 따뜻하고 포근한 사랑에 있는지를 실험한 해리 할로우의 실험실([그림 1-2]), 그리고 애착 유형을 확인하기 위해 낯선 환경에서 주양육자가 있을 때와 없을 때, 그리고 엄마와 떨어진 낯선 상황에서 잠시 후 엄마를 만나게 될 때 아기의 행동을 관찰한 에인스워스의 낯선 상황 실험([그림 1-3])의 경우 애착이라는 특정 목적을 위해 관찰장면을 인위적으로 조작 및 통제한

그림1-2 해리 할로의 원숭이 실험

그림1-3 에인스워스의 낯선 상황 실험

출처: EBS 다큐멘터리 아기성장보고서 3편, 〈애착, 행복한 아이를 만드는 조건〉.

후 관찰대상자의 행동을 관찰한 대표적인 통제적 관찰이다.

4. 아동관찰 시 유의점

아동관찰은 개별 아동의 성장, 발달, 흥미, 강점 등에 대한 정보를 제공해
줌으로써 객관적으로 아동을 이해하게 해 주며, 나아가 전인적인 성장과 발
달을 돕는 데 그 목적이 있다. 이러한 이유로 아동관찰은 유아교육현장에서
는 반드시 필요하다.

아동을 대상으로 연구를 수행할 때에는 특히 아동이라는 발달적 특성으
로 인한 윤리적 문제를 고려해야 하는데, 최근 들어 특히 아동을 대상으로 하
는 연구의 가치, 중요성 및 적법성이 상당히 강조되고 있다. '아동을 대상으
로 하는 연구'는 정보 수집, 분석, 보고하는 방법과 이론을 포함하며, 아동이
직·간접 또는 어떤 역할이든 아동이 참여하는 모든 연구를 말하는데, 이 때
상황과 상관없이 아동의 존엄성이 존중되고 권리와 복지가 배려될 수 있도록
방안을 모색한다고 강조한다(한국청소년정책연구원, 2014).

아동의 인권을 보장하는 윤리적인 연구를 수행하기 위한 지침은 18세 미
만 아동 대상 윤리적 연구를 위한 가이드라인, 「아동 및 청소년을 대상으로
하는 윤리적인 연구(Ethical Research Involving Children, ERIC 개론)」에서 찾아
볼 수 있다(한국청소년정책연구원, 2014; 연구윤리정보센터, 2021, https://www.
cre.or.kr에서 인출).

1. 아동을 대상으로 하는 윤리적인 연구는 모두의 책임이다.
2. 아동의 존엄성 존중은 윤리적인 연구의 핵심이다.
3. 아동을 대상으로 하는 연구는 공정하고 공평해야 한다.
4. 윤리적인 연구는 아동에게 혜택이 된다.

5. 연구에 참여하는 아동은 결코 피해 상황에 처해서는 안 된다.

6. 연구는 반드시 아동의 사전 동의와 지속적인 동의를 구해야 한다.

7. 아동의 반대 또는 철회 의사를 항상 존중해야 한다.

아동관찰 아동을 대상으로 하는 연구와 마찬가지로 윤리적 측면에서 위에 제시된 지침을 준수해야 한다. 특히 관찰에 앞서 관찰의 목적, 대상, 기관, 방법 등에 대해 아동 혹은 부모에게 사전 동의를 구해야 하며, 관찰 결과에 대해서는 반드시 비밀을 보장해야 한다. 특히 관찰로 인해 아동이 정신적 · 신체적 피해를 받아서는 안 되므로 관찰 과정이 아동에게 조금이라도 부정적인 영향을 미치게 된다면 즉각 관찰을 중지할 수 있어야 한다.

제2장

아동관찰의 절차

아동의 행동을 이해하고 나아가 전인적인 성장과 발달을 지원하기 위해서는 체계적인 관찰의 과정이 필요하다. 이를 위해서는 관찰 계획하기, 관찰하기, 관찰자료 분석 및 활용하기의 세 단계의 절차가 성실하게 이루어져야 한다(황해익, 최혜진, 권유선, 2019).

관찰 계획하기	관찰하기	관찰 분석 및 평가하기
• 관찰목적 수립 → 관찰대상 선정 → 관찰행동 선정 → 관찰방법 선정 → 관찰매체 선정	• 관찰: 자세히 관찰하기 → 기록: 객관적으로 기록하기	• 관찰자료 분석: 추론하기, 평가하기 → 관찰자료 활용

그림 2-1 아동관찰의 절차

1. 관찰 계획하기

아동관찰을 위한 첫 번째 단계는 관찰을 위한 계획을 세우는 것이다. 관찰을 위한 체계적인 계획을 수립하지 않고 현장에서 관찰을 하게 될 경우, 성공적인 관찰은 기대하기 어렵다. 성공적인 관찰을 위해, 관찰 계획하기 단계에서는 관찰목적 수립, 관찰대상 선정, 관찰행동 선정, 관찰방법 및 관찰매체 선정 과정을 거쳐야 한다.

1) 관찰목적 수립

관찰 계획하기 단계에서는 우선 관찰목적을 수립해야 한다. 관찰목적은 관찰을 하고자 하는 무엇(What) 혹은 왜(Why)에 대한 답이 된다. 어떠한 목적을 위해 관찰을 할 것인지 결정하는 것은 매우 중요한데, 이는 관찰의 목적에 따라 관찰대상, 관찰행동, 관찰방법 등이 모두 달라질 수 있기 때문이다. 즉, '친사회적 행동'을 관찰하고자 할 때 관찰자는 친사회적 행동을 보일 수 있는 아동의 연령을 고려하여 관찰대상을 선정해야 하며, 친사회적 행동을 관찰할 수 있는 쌓기놀이 혹은 역할놀이와 같은 놀이상황과 친사회적 행동으로 인정받을 수 있는 나누기, 양보하기 등의 관찰행동을 표집해야 하고, 친사회적 행동 관찰에 적합한 방법 등을 선정해야 한다.

한편 '언어발달'을 관찰하고자 할 때는 친사회적 행동을 관찰하고자 계획하였던 관찰대상, 관찰행동 그리고 관찰방법을 다르게 선택해야 함은 분명하다. 언어적 상호작용을 관찰가능한 연령의 아동, 언어적 상호작용이 빈번하게 발생하리라 예상되는 언어 영역, 역할놀이 영역, 그리고 이야기 나누기 활동과 같은 관찰장면에서 언어발달을 확인할 수 있는 상호작용 행동을 표집해야 하며, 언어발달을 가장 잘 관찰할 수 있는 방법을 선택해야 한다.

관찰목적

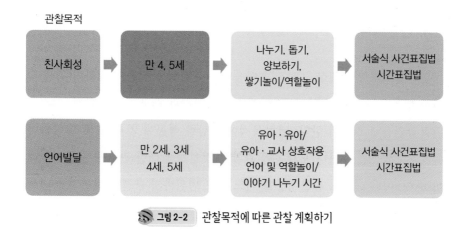

| 친사회성 | ➡ | 만 4, 5세 | ➡ | 나누기, 돕기, 양보하기, 쌓기놀이/역할놀이 | ➡ | 서술식 사건표집법 시간표집법 |

| 언어발달 | ➡ | 만 2세, 3세 4세, 5세 | ➡ | 유아·유아/ 유아·교사 상호작용 언어 및 역할놀이/ 이야기 나누기 시간 | ➡ | 서술식 사건표집법 시간표집법 |

🔊 그림 2-2 관찰목적에 따른 관찰 계획하기

이처럼 관찰목적에 따라 관찰대상, 관찰행동, 관찰방법이 크게 달라지므로 관찰목적 수립이 가장 우선시되어야 한다.

2) 관찰대상 선정

관찰목적을 수립한 후에는 관찰의 목적에 적합한 관찰대상을 선정해야 한다. 기관의 운영계획에 따라 전반적인 평가를 위해 학급의 모든 아동을 관찰대상으로 선정할 수도 있으며, 교실상황에서 특별한 관심과 지원이 필요하다고 판단되는 아동을 특별히 관찰대상으로 선정할 수도 있다. 이때에는 또래 아동과 비교하여 발달수준이 빠르거나 느린 경우에 해당되며, 특히 분리불안, 부적응, 공격성 등 문제행동을 보이는 아동을 관찰대상으로 선정하게 된다.

한편 유아교육현장에서 관찰대상은 아동에만 한정되는 것은 아니며, 교사, 환경, 교사-아동 상호작용 등도 관찰의 대상이 될 수 있다(김희진, 박은혜, 이지현, 2011).

3) 관찰행동 선정

관찰목적과 관찰대상을 선정한 다음에는 관찰의 목적을 달성하기 위해 적합한 행동을 선정해야 한다. 이때에는 관찰시간과 관찰행동의 범위, 그리고 관찰장면을 고려해야 한다. 관찰목적에 적합한 행동이 언제 가장 잘 나타나는지, 이 행동을 얼마나 오랫동안 관찰할 것인지에 대한 관찰시간을 선정해야 하며, 이와 더불어 관찰행동을 어느 정도 범위까지 관찰할 것인지에 대한 관찰행동의 범위, 그리고 관찰행동을 어떤 장면 및 상황에서 관찰할 것인가에 대한 관찰장면 역시 선정해야 한다.

예를 들어, 5세 유아의 친사회적 행동을 관찰하고자 한다면, 친사회적 행동을 가장 자연스럽게 관찰할 수 있는 놀이시간에 역할놀이 혹은 쌓기놀이 영역에서 나누기, 돕기, 공감하기 행동으로 대표되는 친사회적 행동을 관찰할 것을 계획할 수 있다.

📶 그림 2-3   신체놀이 영역에서의 친사회적 행동 관찰 예

📶 그림 2-4   쌓기놀이 영역에서의 친사회적 행동 관찰 예

4) 관찰방법 선정

관찰목적, 관찰대상, 관찰행동을 결정하고 나면 실제 관찰을 수행하고 이를 기록하는 방법을 선택해야 한다. 관찰한 내용은 일정한 형식에 따라 일관

성 있게 기록해야 하는데, 관찰한 내용을 기록하는 방법에는 크게 서술식 기록법과 약호식 기록법이 있다(노명숙, 2018; 이정환, 박은혜, 2009; 황해익, 최혜진, 권유선, 2019). 서술식 기록법은 관찰하고자 하는 행동과 상황을 이야기하듯 글로 기록하는 방법으로 표본기록법, 일화기록법, 서술식 사건표집법이 이에 해당된다. 약호식 기록법은 관찰하고자 하는 행동을 사전에 준비한 양식에 기호나 숫자 등으로 기록하는 방법으로 빈도사건표집법, 시간표집법, 행동목록법, 평정척도법이 이에 해당된다.

5) 관찰매체 선정

관찰목적, 관찰대상, 관찰행동, 관찰방법 선정 후에는 실제 관찰을 수행할 때 활용할 매체를 결정해야 한다. 유아교육현장의 역동적인 상황과 관찰대상을 제대로 관찰하기 위해서는 비디오 촬영 등의 방법을 활용할 수 있다. 관찰대상의 말과 행동, 그리고 상황을 그 자리에서 하나도 빠짐없이 기록하는 것은 불가능하며, 더 정확한 기록을 위해 또한 필요할 경우, 관찰장면을 회상하기 위해 카메라, 녹음기, 캠코더 등 다양한 매체를 활용할 수 있다. 최근 널리 사용하고 있는 스마트폰은 카메라, 녹음기, 캠코더의 기능을 모두 내재하고 있기에 관찰상황에 따라 그 기능을 선택하여 사용할 수 있다.

2. 관찰하기

아동 관찰을 위한 두 번째 단계는 실제 유아교육현장에서 이루어지는 관찰하기이다. 성공적인 관찰을 위해서는 관찰하고자 하는 사물, 사람, 현상을 주의 깊고 자세히 관찰하고, 관찰한 것을 가능한 객관적으로 기록하는 것이 중요하다.

1) 관찰: 자세히 관찰하기

관찰은 '자세히 보다'의 관(觀)과 '살펴서 알다'의 찰(察)이 합쳐진 단어로 '사물이나 현상을 주의하여 자세히 살펴보는 것'이라는 사전적 의미를 지니고 있다.

> • **관(觀)**: 보다. 자세히 보다.　• **찰(察)**: 살피다. 살펴서 알다.

이에 관찰하기 단계에서는 우선 관찰 계획하기에서 선정된 관찰대상과 관찰행동의 목적을 생각하며 주의 깊게 그리고 자세히 들여다보아야 한다. 평상시 인물, 사물, 현상을 그냥 바라만 보고 지나쳤다면, 관찰하기 단계에서는 시각, 청각, 후각, 촉각, 미각 등 모든 감각을 활용하여 자세히 관찰할 수 있어야 한다. 이와 더불어 관찰할 때에는 관찰자 개인의 생각, 감정, 판단 등이 관찰내용과 섞이지 않도록 유의해야 한다.

2) 기록: 객관적으로 기록하기

관찰하기 단계에서는 자세히 관찰하기와 함께 동시에 객관적으로 기록하기가 이루어져야 한다. 즉, 관찰대상을 자세히 살펴본 후, 이를 가능한 상세하고 면밀하게 그리고 정확하게 기록해야 한다. 이때 관찰자의 생각, 감정, 평가 없이 있는 그대로 객관적으로 기록하는 것이 무엇보다 중요하다.

'객관적으로 기록하기' 어떻게 해야 할까요

- 사진을 자세히 관찰해 보세요.
- 관찰한 바를 가능한 상세하고 정확하게 그리고 객관적으로 기록해 보세요.

기록하기	객관적 or 주관적
전체적으로 꼭 정원에 있을 법한 사진이다. 누군가 정원을 관리하다가 잠시 쉬려고 장갑이랑 모자를 벗어 두고 간듯하다. 햇살이 비치는 거 보니까 낮에서 오후로 넘어가고 있는 것 같다. 모자는 동그랗고 밀짚모자처럼 생겨서 누구나 편하게 쓸 수 있을 것 같다. 또 장갑은 손에 약간 고무처리가 되어 있어 보여서 작업하기 편해 보인다. 물뿌리개는 색상도 청색이고 예뻐 보인다. 실용성도 좋아 보인다. 물이 많이 들어갈 것 같다.	• 전체적으로 꼭 정원에 있을 법한 사진이다 ⇒ 관찰자의 사전 지식에 근거한 생각이 반영됨 • 누군가 정원을 관리하다가 잠시 쉬려고 장갑이랑 모자를 벗어 두고 간 듯하다. ⇒ 관찰자의 주관적인 해석이 반영됨 • 햇살이 비치는 거 보니까 낮에서 오후로 넘어가고 있는 것 같다. ⇒ 정확하지 않은 사실, 그러한 사실에 근거하여 추론함 • 동그랗고 밀짚모자처럼 생겨서 누구나 편하게 쓸 수 있을 것 같다. 장갑은 손에 약간 고무처리가 되어 있어 보여서 작업하기 편해 보인다. ⇒ 객관적인 사실, 사전 지식 등에 근거하여 추론함 • 예뻐 보인다. 실용성도 좋아 보인다. 물이 많이 들어갈 것 같다. ⇒ 주관적인 생각이 반영됨

객관적으로 기록하기

초록색 잔디 위 밀짚모자처럼 생긴 황토색 모자 한 개가 왼쪽 아래에 놓여 있다. 그 오른쪽 뒤에 쇠로 된 청색 물뿌리개가 놓여 있다. 물뿌리개 위에는 팔목 부분이 연두색으로 만들어진 장갑 한 켤레가 손바닥이 위로 보이게끔 올려져 있다. 장갑은 팔목 부분을 제외하면 연한 연둣빛을 띠는데 거의 흰색처럼 보인다. 그리고 오른쪽 위에서부터 햇살과 유사한 빛이 내리쬐고 있다. 물뿌리개 뒤편에는 초록색 작은 잎이 있는 나무들로 빼곡하다.

함께 작성해 보아요!

놀이하는 아이들의 사진을 관찰한 후 기록해 보세요

– 사진을 자세히 관찰해 보세요.

– 관찰한 바를 가능한 상세하고 정확하게 그리고 객관적으로 기록해 보세요.

사진 관찰 후 객관적으로 기록하기

-
-
-
-
-
-
-
-
-
-
-
-
-

 한편, 자세한 관찰과 객관적 기록을 위해 활용 가능한 도구 및 매체로는 메모지와 펜, 카메라, 녹음기, 캠코더, 스마트폰 등이 있다. 관찰과 동시에 메모지와 펜으로 기록하는 것이 좋으나, 역동적인 현장에서 쉽지 않으므로 간단히 기록 후, 관찰이 끝난 후 기록할 수도 있으며 카메라, 녹음기, 캠코더 등의 매체를 활용하여 관찰하면서 모든 것을 추후 기록할 수도 있다.

표 2-1 관찰하기 단계에서 활용 가능한 도구 및 매체

매 체	특 징
 메모지와 펜-글로 기록하기	• 사용하기 가장 간편하고 휴대하기 쉬움 • 관찰내용을 그 자리에서 바로 기록할 수 있음 • 관찰내용에 대한 관찰자의 생각을 기록할 수 있음 • 상황과 맥락을 간단하게 그림 등으로 기록하면 관찰내용 분석에 도움이 됨
 카메라-사진 촬영하기	• 사진 촬영은 관찰하기에서 가장 많이 사용하는 방법임 • 인물, 사물, 현상의 정적인 장면을 기록하기에 좋음 • 인물 및 결과물 중심 기록에 좋으며, 역동적인 상황이나 분위기를 기록하는 것에는 한계가 있음 • 사진만을 보고 관찰내용을 정확하게 분석하기 어려우므로 대화 내용, 상황, 분위기 등은 간단하게 직접 기록하면 도움이 됨
 녹음기-소리 녹음하기	• 관찰내용을 글로 모두 기록하기 어려울 때 사용하기 좋음 • 관찰내용 중 대화, 즉 언어적 상호작용을 위주로 기록할 때 좋은 방법임 • 관찰상황의 역동적인 변화가 없을 때 사용하기 좋음 • 상호작용 시 표정, 몸짓, 분위기 등은 메모지에 기록하는 것이 추후 관찰내용 분석 시 도움이 됨

 캠코더-동영상 촬영하기	• 아동의 활동적인 모습을 그대로 기록할 수 있음 • 관찰자가 놓친 부분을 다시 보고 확인할 수 있음 • 관찰내용을 다른 사람과 함께 공유할 수 있음 • 관찰장면 등에 대한 관찰자의 생각 등을 간단하게 기록하면 관찰내용 분석에 도움이 됨
 스마트폰-사진 촬영, 소리 녹음, 동영상 촬영하기	• 평상시 사용하는 스마트폰일 경우 휴대와 사용이 간편함 • 카메라, 녹음기, 캠코더의 기능을 모두 내재하고 있어 관찰상황에 따라 적절한 기능을 선택하여 사용가능함 • 메모 기능이 가능한 경우, 다양한 관찰 매체의 모든 기능을 하나의 스마트폰으로 활용할 수 있음 • 최근 유아교육현장에서 가장 많이 사용하고 있음

3. 관찰자료 분석 및 활용하기

체계적인 관찰의 세 번째 단계는 관찰자료 분석 및 활용하기이다. 이 단계에서는 관찰하기를 통해 수집된 객관적인 기록, 즉 관찰자료를 추론과 평가를 통해 분석하게 된다. 객관적인 자료에 대한 추론 및 평가 결과는 추후 더 나은 교육을 위한 자료로 활용할 수 있어야 한다.

1) 관찰자료 분석하기

관찰하기를 통해 수집된 객관적인 관찰자료는 추론하기와 평가하기를 통해 분석의 절차를 거치게 된다.

(1) 추론하기
추론은 '미루어 생각하여 논하다' '어떠한 판단을 근거로 삼아 다른 판단을 이끌어 내다'의 사전적 의미를 지닌다. 이에 관찰하기 과정에서 추론하기는 자세한 관찰과 객관적인 기록을 통해 수집된 관찰자료에 근거하여 눈에 보이지 않는, 실제로 관찰하지 않은 측면에 대해 미루어 짐작해 보는 것을 의미한다. 즉, 관찰을 통해 얻은 사실을 기반으로 행동 및 현상의 원인, 행동에 포함된 감정 등을 유추해 내는 것이 추론이다.

추론하기에서는 주관적인 해석이 개입되지 않도록 항상 유의해야 하며, 객관적인 관찰과 기록 없이 이루어진 추론은 그 타당성을 인정받을 수 없으므로 반드시 객관적인 기록에 근거하여 추론하기가 이루어질 수 있도록 해야 한다.

함께 살펴보아요!

'기록'과 '추론' 어떻게 기술해야 할까요

기록	추론
준희가 혜수에게 "우리 오늘도 어제처럼 역할에서 엄마 아빠 놀이하자. 나는 엄마!"라고 말한다.	• 준희와 혜수는 어제 역할놀이 영역에서 엄마 아빠 놀이를 하였다. • 준희는 엄마 아빠 놀이에서 엄마 역할을 선호한다.

기록한 것에 근거하여 추론해 보세요

– 사진 관찰 후 기록한 것에 근거하여 추론해 보세요. 추론한 근
거도 적어 보세요.

객관적 기록	추론	추론의 근거
•		
•		
•		
•		
•		
•		
•		
•		
•		
•		
•		
•		
•		

(2) 평가하기

평가는 '가치나 수준 따위를 평하다'라는 사전적 의미를 지닌다. 이에 관찰하기 과정에서 평가하기는 관찰을 통해 얻은 객관적 기록에 근거한 추론을 바탕으로 그 가치나 수준을 판단하는 것을 뜻한다. 즉, 관찰을 통해 얻은 사실을 기반으로 추론한 후, 그 행동이 올바른지, 그른지, 혹은 발달이 빠른지, 정상적인지, 아니면 느린지를 판단하는 것이 평가하기이다.

추론하기 역시 평가하기 과정에서처럼 객관적인 관찰과 기록이 절대적으로 중요하다. 평가의 경우 추론과 비교해서 더 많은 관찰자료가 필요하며, 이와 함께 관찰하는 대상 및 현상에 대한 사전 정보와 객관적인 지식, 그리고 영유아의 경우 연령에 따른 보편적인 발달수준에 대한 이해가 필요하다. 이러한 지식과 정보를 근거로 관찰한 자료에 대한 가치나 수준을 평가할 수 있기 때문이다. 객관적인 관찰과 더불어 충분한 자료는 평가에 필수적인 조건이다(이정환, 박은혜, 2009).

함께 살펴보아요!

'기록' '추론' '평가' 어떻게 기술할까요

기록	추론	평가
하늘이와 세훈이가 쌓기놀이 영역에서 주차장을 만들며 놀이하고 있다. 하늘이가 쌓기놀이 영역의 교구장에 남아있던 초록색 벽돌 블록을 5개 꺼내고, 고개를 오른쪽으로 돌리며 세훈이를 바라본다. 세훈이 쪽으로 걸어가 세훈이가 가지고 있던 초록색 벽돌을 가져온다. 그러자 세훈이가 "나도 이거 초록색 필요해! 너 또 그냥 내꺼 뺏지마! 나도 필요해."라고 말하며 다시 뺏는다.	• 하늘이는 주차장 놀이를 하는 과정에서 초록색 벽돌이 더 필요하다. • 하늘이는 세훈이와 놀이를 할 때 본인이 필요하면 의견을 묻지 않고 장난감 등을 뺏는 경우가 있었다. • 하늘이는 말보다 행동으로 자신의 의사를 표현하는 경우가 자주 있다.	• 하늘이는 연령에 적합한 행동을 보이지 못하고 있다. 놀이를 하는 중 필요한 것을 친구에게 요청할 때, 몸이 아니라, 말로 표현하는 법을 배울 필요가 있다. • 나에게 필요한 것이 동시에 친구에게도 필요할 수 있는 상황이 있음을 알게 해 주고, 허락 없이 물건을 빼앗았을 때, 친구의 마음이 어떤지 생각해 볼 수 있는 시간을 가지도록 한다.

관찰, 기록, 추론한 것에 근거하여 평가해 보세요

– 사진 관찰 후 기록 및 추론한 것에 근거하여 평가를 작성해 보세요.

기록	
추론	• • • • •
평가	• • • • •

2) 관찰자료 활용하기

관찰의 궁극적인 목적은 아동의 발달수준을 파악하고 아동의 현재 상황을 이해하여 바람직한 교육을 실현하는 데 있다(노명숙, 2018). 이에 객관적인 관찰과 기록을 통해 수집된 자료는 아동의 행동을 이해하고 더 나은 교육을 위해 활용되어야 한다. 지속적인 관찰을 통해 수집된 자료는 아동의 전반적인 발달과 강점 혹은 문제점을 발견하는 데 좋은 정보가 되며, 학부모와의 면담에도 활용할 수 있어야 한다. 이와 더불어 교사는 관찰을 통해 자신의 모습을 보다 객관적으로 평가하고 이를 바탕으로 자신의 교수법을 적절하게 수정할 수 있으며, 관찰자료에 근거하여 교사는 개별 아동을 위한 수업을 계획할 수 있어야 한다.

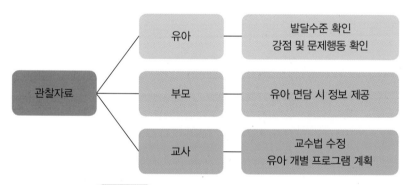

그림 2-5 관찰자료의 활용: 유아, 부모, 교사 측면

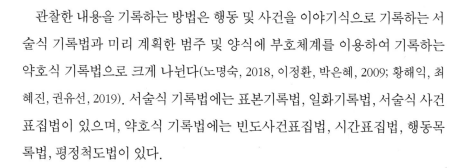

제**3**장

아동관찰 방법

관찰한 내용을 기록하는 방법은 행동 및 사건을 이야기식으로 기록하는 서술식 기록법과 미리 계획한 범주 및 양식에 부호체계를 이용하여 기록하는 약호식 기록법으로 크게 나뉜다(노명숙, 2018, 이정환, 박은혜, 2009; 황해익, 최혜진, 권유선, 2019). 서술식 기록법에는 표본기록법, 일화기록법, 서술식 사건표집법이 있으며, 약호식 기록법에는 빈도사건표집법, 시간표집법, 행동목록법, 평정척도법이 있다.

1. 표본기록법

1) 표본기록법의 성격

표본기록법은 관찰하고자 하는 인물 혹은 사건을 가장 자세하고 완전하게 표현하는 서술식 기록법의 대표적인 방법이다. 표본기록법은 서술식 관찰법 중에서도 관찰내용을 가장 자세하고 완전하게 표현하는 방법으로, 관찰자는 정해진 시간 동안 일어나는 관찰대상자의 모든 행동을 연속적으로 기록한다. 이를 위해 관찰자는 관찰대상, 관찰장면, 관찰시간 등을 미리 정해야 하며, 관심 내용에 대해 선택적으로 기록하는 것이 아니라, 정해진 시간 동안 일어나는 모든 일을 구체적인 묘사와 함께 객관적으로 기록하여야 한다. 완전하고 자세한 기록을 위해 녹음기나 캠코더 혹은 스마트폰을 활용하여 관찰 상황을 녹음할 수 있다.

표본기록법은 있는 그대로의 원자료를 최대한 많이 수집하는 것에 그 목적이 있다. 수집한 원자료는 학기 초 모든 아동의 기본적인 발달 정보와 문제행동을 보이는 아동에 대한 다양한 정보를 여러 측면에서 분석할 때 좋은 자료가 된다.

2) 표본기록법의 작성 지침

표본기록법은 관찰자가 관찰대상, 관찰행동 및 장면, 관찰시간을 미리 정한 후 그 안에서 일어나는 관찰대상자의 모든 행동과 말을 순서대로 기록하는 방식이다. 이를 위한 표본기록법의 작성 지침은 다음과 같다(Brandit, 1972; 이정환, 박은혜, 2009 재인용).

- 표본기록법을 위한 관찰 및 기록 시간은 10~30분 정도로 한다.
- 관찰날짜, 관찰시간, 관찰대상, 관찰자의 이름을 미리 적어 놓는다.
- 아동의 행동이 관찰된 장소 및 장면을 적는다.
- 보고 들은 것을 그대로 기록한다. 즉, 객관적인 사실만 기록하며 관찰자의 해석이나 주관적인 판단 혹은 추론은 포함시키지 않는다. 필요하다면 기록지의 오른쪽 면에 여백을 남기어 활동에 대한 보충 설명이나 관찰자의 해석을 별도로 적어서 상황 이해에 도움이 되게 한다.
- 관찰대상 아동뿐 아니라 그 아동과 상호작용하고 있는 다른 아동, 교사,

학부모의 말과 행동도 적는다.

- 표본기록법은 사건이 일어나고 있는 현장에서 적는 것이므로 현재형으로 적고 또 직접화법을 이용하여 아동의 대화를 그대로 적는다. 즉 관찰대상이 한 말은 인용부호 "   " 속에 넣는다.

- 사건이 일어난 순서대로 적는다.

- 10분 동안의 기록이면 매1분마다, 30분 동안의 기록이면 매5분마다 시간 표시를 하거나 장면이 바뀔 때마다 시간을 기입한다. 이는 어떤 활동에 특히 관심을 보이고 또 주의집중 시간이 어느 정도 되는가를 알아보는 데 매우 유용한 자료가 될 수 있다.

- 표본기록법 작성 시 관찰내용을 근거로 간단하게 발달 영역별로 요약한다.

- 관찰내용을 가능한 한 자세하게 적고 행동의 질을 구체적으로 설명한다.

3) 표본기록법의 실제

표본기록법을 활용하여 아동을 관찰하여 기록한 예는 다음과 같다.

표 3-1 표본기록법의 예

관찰아동	이지훈 (남)	관 찰 자	강현경
생년월일	20○○년 ○월 ○일 (만 4세)	관찰일시	20○○년 ○월 ○일
관찰시간	오전 10시 40분~10시 50분	관찰장면	수 · 조작 영역에서의 놀이
시간	기 록		
10:40	지훈이는 친구 서준이와 함께 수 · 조작 영역에서 놀이를 하고 있다. 지훈이는 서준이가 가지고 노는 파랑색 팽이모양 블록을 가리키며 "하나만 주면 안 잡아먹지!"라고 말한다. 서준이는 지훈이를 따라 "하나만 주면 안 잡아먹지!"라고 말한다.		

10:41	지훈이는 과일 모양 장난감을 가리키며 "이건 딸기 알이고, 이건 오렌지 알이야."라고 말한다. 서준이가 "딸기 알 하나 주면 안 잡아먹지!"라고 말하면서 딸기 알을 가져가자 지훈이는 얼굴을 찌푸리며 "싫어 내놔!"라고 소리지르며 말한다.
10:42	지훈이의 큰 소리에 교사가 지훈이 왼쪽으로 와 무릎을 구부리고 앉으며 "지훈아, 무슨 일이니?"라고 물어본다. 지훈이는 "서준이가 내가 가지고 있던 딸기 알 장난감을 말없이 그냥 가져갔어요. 뺏어 갔어요!"라고 말한다. 교사는 "서준이가 지훈이한테 말하지 않고 딸기 알 장난감을 가져갔다고?"라고 되묻는다.
10:43	서준이가 선생님 옆으로 와서, "장난친 거예요. 장난!"이라고 말한다. 선생님은 서준이에게 "친구에게 묻지 않고, 허락받지 않고 장난감을 가지고 가면 친구가 속상해. 지훈이에게 장난감을 돌려주고 미안하다고 사과하자."라고 말한다. 서준이는 지훈이를 한 번 쳐다보고는 "지훈아 미안해."라고 말하며 딸기 알 장난감을 되돌려 준다.
10:44	선생님은 지훈이에게 "지훈아 아무리 기분이 나빠도 친구에게 소리를 지르는 것은 좋지 않은 모습이야. 기분이 나쁘고, 친구에게 화가 났다면 어떻게 해야 할까?"하고 묻는다. 그러자 지훈이는 서준이가 다시 건네준 딸기 알 장난감을 오른손에 쥐고는 "지훈아 소리 질러서 일단 미안해."라고 말한다.
10:45	지훈이와 서준이는 수 · 조작 영역에서 다시 놀이를 시작한다. 지훈이는 레몬 모양 장난감을 가리키며 서준이에게 "레몬 하나 주면 안 잡아먹지!"라고 말하자 서준이도 "레몬 하나 주면 안 잡아먹지."라고 말한다.
10:46	지훈이는 서준이를 쳐다보며 눈웃음을 지은 뒤 말없이 놀이한다. 그러다 서준이가 옆에서 레고블록을 분해하지 못하고 손으로 만지작거리고 있는 모습을 보고는 지훈이가 서준이에게 다가가 "내가 도와줄까?"라고 말한다.
10:47	서준이는 지훈이를 쳐다보고 "응."하며 고개를 끄덕이고는 들고 있던 레고블록을 건넨다. 지훈이는 자신이 들고 있던 레몬 모양 장난감과 딸기 알 장난감을 책상 위에 나란히 옆으로 내려놓고 지훈이의 레고블록을 두 손으로 받는다.
10:48	서준이가 들고 있던 레고블록을 "끙" 소리를 내며 분해하기 시작한다. 먼저 초록색 블록을 분해하고, 차례로 연두색, 노란색, 주황색 블록들을 하나씩 분해하고 마지막으로 주황색 블록에 붙어 있던 작은 하얀색 동그라미 레고블록을 분해한다.

10:49	지훈이는 완전히 분해한 레고블록 5개를 서준이에게 돌려준다. 서준이는 지훈이에게 "고마워 또 지훈아."라고 말한다. 서준이는 지훈이에게 다시 받은 레고블록 5개를 한 줄로 세우며 고개를 오른쪽으로 갸우뚱거리며 "인제 뭘 만들어 볼까요?"하며 혼자 놀이를 시작한다.
10:50	지훈이는 말없이 고개를 끄덕이며 책상 위에 올려 준 장난감을 가지고 놀이를 시작한다. 서준이와 지훈이는 서로를 바라보며 한번 씩익 웃는다.
요약	• 자신의 상황과 생각을 교사에게 전달할 수 있다. (의사소통) • 지훈이는 친구와의 놀이를 즐겨한다. (사회관계) • 지훈이는 친구가 자신의 장난감을 허락 없이 빼앗는 행동에 대해 기분 나쁨을 부정적으로 표현한다. (사회관계) • 작은 블록을 하나씩 분해할 수 있다. (신체운동·건강) • 교사가 중재하는 것을 이해하고 실행한다. (사회관계)
추론 및 평가	• 지훈이는 자신의 감정을 표현은 하지만 소리를 지르는 등 좋지 않은 방법으로 종종 표현한다. • 지훈이는 서준이가 놀이를 하면서 만나는 어려움을 종종 해결해 준다. • 또래와의 관계에 있어서 좋은 대처 방법, 그렇지 않은 대처 방법에 대해 이해하고 있다. • 친구와 좋지 않은 일은 금방 잊을 만큼 친구와의 놀이를 좋아한다. • 분해하기 힘든 작은 크기의 레고블록을 분해하는 소근육이 발달되어 있다.
관찰을 통한 지원	• 자신의 생각과 기분을 긍정적으로 표현할 수 있는 다양한 방법을 알려주기 위해 동화책『소피가 화나면 정말 정말 화나면』 등의 책 읽기를 계획할 수 있다. • 교실에서 일어날 수 있는 소유권 분쟁에 대해 이야기나누기 활동을 계획함으로써 나의 감정, 친구의 감정 그리고 그 대처방안에 대해 토론해보는 시간을 계획해 볼 수 있다.

4) 표본기록법의 장단점

관찰대상, 관찰행동 및 장면, 관찰시간을 미리 정한 후 그 안에서 일어나는 관찰대상자의 모든 행동과 말을 순서대로 기록하는 표본기록법의 장단점은 아래와 같이 정리할 수 있다(성미영, 전가일, 정현심, 김유미, 정하나, 2017; 이정환, 박은혜 2009; 황해익, 최혜진, 권유선, 2019).

〈장점〉

- 표본기록법은 관찰하고자 하는 내용을 모두 완전하고 자세하게 관찰하므로 아동에 대한 많은 정보를 제공한다.
- 관찰대상자, 행동, 상황 등에 대해 완전하게 기록하므로, 사건의 맥락 이해에 도움이 되며, 관심 행동의 질적인 특성을 파악하는 것에 큰 도움이 된다.
- 관찰대상 아동의 전반적인 발달 정도를 이해하는 것에 도움이 되며, 이를 바탕으로 그 아동을 위한 교육프로그램을 계획하는 데 도움이 된다.
- 관찰대상 아동에게 문제행동을 발견하였을 때, 그 아동을 이해하는 것에 도움이 된다.
- 최소한의 필기도구만 있어도 관찰 및 기록이 가능하다.

〈단점〉

- 관찰대상 아동의 모든 행동을 가능한 한 자세히 관찰하고 기록하여야 하므로 한 번에 한 명 정도의 아동만 관찰할 수 있다.
- 관찰대상 아동의 모든 것을 기록하므로 자료의 양이 방대해질 수 있으며, 이로 인해 수집된 자료를 효과적으로 활용하는 것에 어려움이 있을 수 있다.
- 관찰대상 아동을 관찰한 후 기록하는 데 너무 많은 시간과 노력이 요구된다.

2. 일화기록법

1) 일화기록법의 성격

일화기록법은 일상적인 상황에서 관찰자가 의미 있다고 판단한 관찰대상 아동의 한 가지 행동이나 상황에 초점을 두고 기록하는 서술식 기록법이다. 정해진 시간 안에 보이는 아동의 모든 행동을 가능한 자세하고 완전하게 기록하는 표본기록법과 달리 일화기록법은 관찰자의 관심에 따라 특정한 한 가지 행동을 사실적으로 기록한다는 점에서 차이가 있다.

일화기록을 위해 관찰자는 관찰대상자의 행동 패턴, 변화, 발전, 그리고 특기할 만한 사건이나 미리 정해놓은 범주에 따라 행동을 관찰하게 되지만, 관찰하고자 하는 발달 영역 및 관찰목적이 관찰상황에 따라 달라질 경우, 그 범주는 언제든 변경 가능하다(김희진, 박은혜, 이지현, 2011; 정옥분, 2018). 즉, 관찰자가 흥미 있다고 판단되는 사건이나 행동을 관찰하고 기록할 수 있다. 이에 관찰자는 관찰대상자가 속한 집단의 연령별 발달특징에 대한 이해와 함께 일상적인 상황이나 행동이 발생하는 맥락을 정확하게 알고 있는 것이 좋다.

일화기록법은 사건을 관찰한 직후 바로 작성하는 것이 객관적인 사실을 그대로 기록하기에 좋지만, 역동적인 유아교육현장에서는 상황이 여의치 않을 수 있다. 따라서 메모지를 항상 구비하여, '언제, 어디서, 누가, 무엇을, 왜, 어떻게 했는지' 육하원칙에 따라 주요 단어를 중심으로 간단하게 기록 후 수업이 끝난 후 보다 상세하게 일화기록법 관찰양식에 따라 기록할 수도 있다. 이를 위해 필기구를 준비하거나 때에 따라 녹음기 및 스마트폰을 활용하는 것도 가능하다. 이처럼 일화기록법은 시간과 장소에 구애받지 않으며, 특별한 준비 없이 교사가 수월하게 실시할 수 있어 유아교육현장에서 널리 사용되는 방법이다.

일화기록법은 관찰대상 아동의 행동이나 상황을 사실적이고 객관적으로 기록하므로, 수집한 자료는 아동의 전형적인 행동에 대한 이해는 물론이고 사건이 발생한 맥락을 포함하여 교실상황을 파악하는 데 도움이 된다.

2) 일화기록법의 작성 지침

일화기록법은 관찰대상 아동의 한 가지 행동이나 상황을 신문기사 쓰듯이 사실적으로 언제, 어디서, 어떤 일이 일어났는지, 아동이 그 상황에서 무슨 말을 하고 행동했는지를 적는 것이다(이정환, 박은혜, 2009). 이를 위한 일화기록법의 작성 지침은 다음과 같다(송인섭, 강갑원, 이경화, 2008; Brandit, 1972; 이정환, 박은혜 2009 재인용).

- 관찰대상, 관찰자, 관찰시간, 관찰행동 및 장면 등 상황에 대한 자료를 기록한다.
- 관찰대상 아동의 주요 행동을 기록한다. 즉, 아동의 한 가지 행동에 초점을 맞추어 기록한다.
- 사건이나 행동이 발생한 후 기록하되, 발생 순서대로 기록한다.
- 관찰대상 아동의 말과 행동뿐 아니라 상호작용하는 다른 아동 및 교사의 말과 행동을 기록한다.
- 객관적이고 사실적으로 기록하며, 관찰자의 추론과 해석은 명확하게 구분하여 기록한다.
- 관찰대상의 행동 및 상황을 현장에서 적는 것이므로 현재형으로 기술하며 직접화법, 즉 "   "을 이용하여 아동의 대화를 그대로 적는다.
- 관찰대상 아동의 발달상 중요 포인트를 요약하여 기록한다.

3) 일화기록법의 실제

일화기록법을 활용하여 아동을 관찰하고 기록한 예는 다음과 같다.

표 3-2 일화기록법의 예

관찰아동	이도희 (여)	관 찰 자	김성숙
생년월일	20○○년 ○월 ○일(만 5세)	관찰일시	20○○년 ○월 ○일
관찰시간	오전 11시 10분~11시 50분	관찰장면	역할놀이 영역의 미용실 놀이

기록	도희가 세빈이와 민서에게 "미용실 놀이 하자."라고 말하자 세빈이와 민서가 "그래 좋아."라고 답한다. 도희가 세빈이에게 "넌 손님 해, 내가 디자이너 할 게."라고 말하자, 세빈이는 "알겠어."라고 대답하면서 의자에 앉는다. 그리고 세빈이는 "머리 좀 해 주세요, 아주 예쁘게!"라고 말한다. 도희는 작은 가방에서 미용실용 가위를 챙기면서 도희에게 "손님에게 무슨 머리 하고 싶은지 물어봐요."라고 말한다. 민서는 옆에 있는 종이를 들고 세빈이에게 다가가 종이를 보여 주며 "이 중에서 고르셔야 해요. 무슨 머리를 할 건지! 파마할 꺼에요? 길쭉길쭉한 머리 할 꺼에요?"라고 묻는다. 그러자 세빈이는 "선생님이 그냥 예쁘게 해 주세요!"라고 말한다. 그러자 도희는 "민서 씨, 저기 머리끈 주세요!"라고 말하며 머리끈을 받아 세빈이 머리를 묶는다. 그런 다음 "손님! 머리 다 되었어요. 어때요? 마음에 드시나요?"라고 묻는다. 세빈이는 손거울로 머리를 본 후, "맘에 들어요. 조금 이쁘네요!"라고 답한다.
요약	• 자신이 하고 싶은 놀이를 제안할 수 있다. (의사소통) • 미용실에서 일하는 사람에 대해 알고 그 역할에 어울리는 행동과 말을 이해하고 있다. (사회관계) • 미용실 가위, 머리끈 등을 사용하는 등 소근육이 잘 발달되어 있다. (신체운동 · 건강)
추론 및 평가	• 도희는 미용실 놀이에 관심을 보이며, 미용실 놀이에 필요한 역할들에 대해 잘 알고 있다. • 도희는 친구들과의 놀이를 할 때, 놀이를 제안하고 놀이를 주도하는 리더의 역할을 한다.
관찰을 통한 지원	• 도희와 친구들이 관심을 보이고 있는 미용실 놀이를 보다 확장시킬 수 있도록 지역사회의 전문가를 초빙하여 수업을 계획해 본다. • 헤어스타일 화보집을 만들어 보게 함으로써 놀이를 확장시켜 준다.

4) 일화기록법의 장단점

관찰대상 아동의 한 가지 행동이나 상황에 초점을 맞추어 기록하는 일화기록법의 장단점은 다음과 같이 정리할 수 있다(성미영 외, 2017; 이정환, 박은혜 2009; 황해익, 최혜진, 권유선, 2019).

〈장점〉

- 일화기록법은 특별한 사전 준비 없이 진행할 수 있으므로 실시하기에 간편하다. 이에 아동의 예상치 못한 행동을 기록하는 데 유용하며 쉽게 기록할 수 있다는 장점이 있다.
- 아동의 주요한 한 가지 행동이나 사건에 초점을 맞추어 간략하게 기록하므로 시간이 많이 소요되지 않는다.
- 아동의 말, 행동, 사건에 집중적으로 초점을 두어 관찰하므로 관찰한 내용을 보다 명확하고 분명하게 기록으로 남길 수 있다.
- 여러 차례에 걸쳐 수집된 자료는 아동의 행동 패턴이나 발달 정도를 이해하는 데 도움이 된다. 또한 이에 근거하여 그 아동을 위한 개별적인 교육프로그램을 계획하는 데 중요한 자료가 된다.
- 최소한의 필기도구만 있어도 관찰 및 기록이 가능하다. 이에 언제 어디서든 교사가 필요할 때 기록할 수 있다.

〈단점〉

- 아동의 주요한 한 가지 행동이나 사건에 초점을 맞추어 간략하게 기록하므로 관찰자의 편견이 들어갈 수 있다. 즉, 바람직하지 못한 행동의 경우, 그 아동의 전체 모습으로 그려질 수 있는 단점이 있다.
- 관찰 후 어느 정도 시간이 지난 후 기록할 수 있어, 그때의 상황을 정확하게 기술하지 못할 수 있다.

- 관찰대상 및 장면에 대한 상황묘사 등이 간결하게 기록되므로 맥락을 파악하는 데 어려움이 있을 수 있다.
- 표본기록법과 비교하여 시간이 많이 소요되지는 않지만, 유아교육현장에서 하루 일과를 담당하는 교사에게는 부담이 될 수 있다.
- 한 번에 많은 아동을 관찰할 수 없으며, 한두 명만을 관찰 및 기록할 수 있다.

3. 사건표집법

사건표집법은 관찰하고자 미리 정한 특정 행동이나 사건이 발생하였을 때 그것을 관찰하고 기록하는 방법이다. 사건표집법을 위해 관찰자는 관찰하고자 하는 특정 행동이나 사건이 나타날 때까지 기다려야 하므로 시간적 제약이 없는 것이 특징이다.

사건표집법은 관찰의 단위가 하나의 사건으로, 이를 활용하여 관찰할 때에는 우선 관찰하고자 하는 행동이나 사건에 대해 충분히 이해하고 있어야 한다. 즉, 관찰자는 그 행동의 범주를 명확히 하고 그에 따른 정의를 분명히 알고 있어야 한다. 사건표집법에는 ABC 서술식 사건표집법과 빈도 사건표집법이 있다.

1) ABC 서술식 사건표집법

(1) ABC 서술식 사건표집법의 성격

ABC 서술식 사건표집법은 관찰하고자 하는 사건이나 행동이 일어나기 전 상황(Antecedent event: A), 관찰하고자 하는 사건 및 행동(Behavior: B), 사건이나 행동이 일어난 후의 결과(Consequence: C)를 순서대로 기록하는 방식이

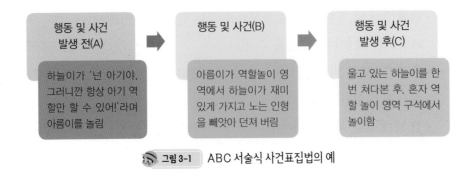

행동 및 사건 발생 전(A)		행동 및 사건(B)		행동 및 사건 발생 후(C)
하늘이가 '넌 아기야, 그러니깐 항상 아기 역할만 할 수 있어!'라며 아름이를 놀림	→	아름이가 역할놀이 영역에서 하늘이가 재미있게 가지고 노는 인형을 빼앗아 던져 버림	→	울고 있는 하늘이를 한 번 쳐다본 후, 혼자 역할 놀이 영역 구석에서 놀이함

그림 3-1 ABC 서술식 사건표집법의 예

다(Bell & Low, 1977; 김희진, 박은혜, 이지현, 2011에서 재인용). 이에 관찰하고자 하는 특정 행동이 나타나게 된 배경과 원인을 밝히는 데 유용한 방식이다(노명숙, 2018).

아동의 특정 행동 및 사건이 일어난 전후 상황을 기록하기 때문에, ABC 서술식 사건표집법은 특히 아동의 문제행동을 이해하는 데 도움이 된다. 완전하고 자세한 기록을 위해 녹음기나 캠코더 혹은 스마트폰을 활용하여 관찰상황을 녹음할 수 있다.

(2) ABC 서술식 사건표집법의 작성 지침

ABC 서술식 사건표집법은 관찰하고자 하는 아동의 행동을 하루일과의 자연스러운 상황에서 발견하고 사건을 중심으로 원인과 결과를 기록하는 방식이다. 즉, 관찰하고자 하는 사건이나 행동이 일어나기 전의 상황, 사건이나 행동 그 자체, 그리고 사건이나 행동이 일어난 후의 결과를 순서대로 적어야 한다. 이를 위한 ABC 서술식 사건표집법의 작성 지침은 다음과 같다(성미영 외, 2017; 안선희, 문혁준, 김양은, 김영심, 안효진, 이경옥, 신혜원, 2015)

- 관찰하고자 하는 사건이나 행동을 분명하게 정해야 한다. 즉, 공격적 행동, 친사회적 행동, 놀이성, 리더십 등 관찰자가 미리 어떠한 행동이나 사건을 관찰할 것인지 선정하고 이에 대해 조작적으로 정의하고 그 범

주를 세분화할 필요가 있다.

- 관찰하고자 하는 행동이나 사건에 대해 충분히 이해하고 있어야 하며, 그 행동이나 사건이 가장 빈번하게 일어나는 시간, 장소, 상황을 파악 후 미리 결정해 두는 것이 좋다.
- 관찰하고자 하는 사건 및 행동을 중심으로, 사건 전, 사건 후의 상황 등을 자세하고 명확하게 기록한다.
- 관찰대상, 관찰자, 관찰시간, 관찰행동 및 장면 등 상황에 대한 자료를 기록한다. 이와 함께 사건 전, 사건, 사건 후를 기록할 수 있는 칸을 준비하는 등 관찰자가 사용하기 편리하게 관찰 양식지를 만들어 사용한다.

(3) ABC 서술식 사건표집법의 실제

ABC 서술식 사건표집법을 실시한 예는 다음과 같다.

표 3-3　ABC 서술식 사건표집법의 예

관찰아동	조이안 (여)	관 찰 자	김정희
생년월일	20○○년 ○월 ○일 (만 5세)	관찰일시	20○○년 4월 6일~20○○년 4월 20일
관찰시간	오전 10시 40분~11시 30분	관찰장면	역할놀이 영역

〈관찰행동〉 자유놀이시간: 역할놀이 영역에서 보이는 부정적 행동

날짜	사건 전	사건	사건 후
4월 6일	이안이는 역할놀이 영역에서 친구 수빈이와 함께 음식을 만들며 요리사 놀이를 한다.	수빈이가 식탁 위에 채소 모형을 올려놓자 이안이는 화를 내며 "이거 왜 여기에 여기에 여기에 올려? 여기에 올리는 거 아니야!"라고 소리치며 채소모형을 치운다.	수빈이는 얼굴을 찡그리고 슬픈 표정을 지으며 "이거 여기 올려놓고 놓고 싶은데 왜 그래."라고 말하며 이안이를 쳐다본다.

4월 11일	이안이는 역할놀이 영역에서 함께 미용실 놀이를 하는 친구 소라에게 "내가 머리 잘라 줄게."라고 말한다.	소라가 "너는 손님이고 내가 머리 잘라 주는 거야."라고 말하자 이안이는 화를 내며 "싫어, 왜 니 맘대로 정해, 내가 머리 잘라 주는 사람이야."라고 말한다. 친구는 "싫어, 내가 먼저 할 거야."라며 말한다.	이안이는 교사에게 달려가 "선생님 머리 잘라 주는 건데, 소라가 자기가 자를 거라고 떼를 써요."라고 말한다.
4월 20일	역할놀이 영역에서 이안이는 친구 수빈이가 오렌지 모형의 놀잇감을 손에 들고 있는 모습을 보고 "뭐 만들려고? 머하고 놀려고?" 하고 묻는다.	수빈이가 "이거 아이스크림이야."라고 말하자, 이안이는 "아니야 그거 아이스크림, 밥이야 밥."이라고 말한다. 수빈이는 "아니야 이거 초코맛 아이스크림이야."라고 말하자, 이안이는 친구 손에 있던 오렌지 모형의 놀잇감을 빼앗으며 "이거 아이스크림 아니고, 밥이야."라고 말하며 다른 친구들에게 "이거 아이스크림 아니고 밥이지?"라고 묻는다.	이안이에게 오렌지 모형의 놀잇감을 빼앗긴 수빈이는 눈물을 닦으며 교사에게 걸어간다. 이안이는 가만히 서서 수빈이의 모습을 바라본다.
요약	* 자신의 마음에 들지 않으면 친구에게 자신의 감정을 그대로 표현한다. (사회관계) * 자신의 의견을 친구에게 적극적으로 표현한다. (의사소통) * 미용실 놀이에 대해 이해하고 있다. (사회관계)		
추론 및 평가	* 친구와 놀이를 할 때 자기중심적인 모습을 보인다. * 친구들과의 놀이에서 주도적인 모습을 보이지만 이로 인해 친구관계에 어려움을 보인다. * 친구 입장에서 생각하는 것을 어려워하고 자신의 생각만을 고집한다.		
관찰을 통한 지원	* 친구의 마음을 헤아려볼 수 있는 기회를 동극, 동화책, 이야기나누기 형태의 활동을 통해 제공해 준다. * 주도적으로 놀이를 이끌기도 하고, 놀이의 한 구성원이 되어 양보하며 놀이하는 기회를 가질 수 있는 기회를 마련해 준다.		

(4) ABC 서술식 사건표집법의 장단점

관찰하고자 하는 아동의 행동을 하루일과의 자연스러운 상황에서 발견하고 사건을 중심으로 원인과 결과를 기록하는 ABC 서술식 사건표집법의 장단점은 다음과 같이 정리할 수 있다(성미영 외. 2017; 이정환, 박은혜, 2009).

〈장점〉

- ABC 서술식 사건표집법은 사건과 함께 사건의 전후를 기록하기 때문에, 관찰한 행동의 원인 등 맥락을 정확하게 파악할 수 있는 정보를 제공해준다.
- 자연스러운 상황에서 아동의 행동과 그 행동이 발생하게 된 경위를 관찰할 수 있다.
- 관찰하는 사건이 발생할 때마다 반복해서 기록하기 때문에 시간의 흐름에 따른 변화를 비교할 수 있다.
- 관찰대상자 아동의 특정 행동과 그 맥락에 대한 정보를 관찰 및 수집하게 되므로, 수집된 정보를 바탕으로 개별 아동의 행동을 수정하거나 지원하는 데 큰 도움이 된다.

〈단점〉

- 관찰하고자 하는 행동이나 사건이 발생할 때까지 기다려야 하므로 관찰시간을 예측할 수 없다.
- 관찰자가 보고자 하는 행동 및 사건을 미리 정하고 관찰하게 되므로, 사건의 원인과 결과에 대해 주관적으로 해석할 수 있는 위험이 있다.
- 한 번에 많은 아동을 관찰하고 기록하는 것이 쉽지 않아 교사에게는 부담이 될 수 있다.

2) 빈도 사건표집법

(1) 빈도 사건표집법의 성격

빈도 사건표집법은 관찰하고자 하는 행동이나 사건이 나타났을 때 그것의 빈도를 관찰하고 기록하는 사건표집법이다(Alberto, & Troutman, 2003). 관찰하고자 하는 행동 및 사건에 대해 미리 준비한 양식지로 그 행동이나 사건이 얼마나 자주 일어나는지를 관찰하고 기록한다. 이에 서술식 사건표집법이 관찰대상 아동의 행동에 대한 질적인 정보를 제공한다면 빈도 사건표집법은 양적인 정보를 제공한다고 볼 수 있다(안선희 외, 2015). 즉 빈도 사건표집법은 관찰의 초점이 되는 행동이나 사건이 얼마나 자주 일어나는지를 알아보고자 할 때 가장 유용하게 사용할 수 있는 방법이다.

(2) 빈도 사건표집법의 작성 지침

빈도 사건표집법은 관찰하고자 미리 정한 특정 행동이나 사건이 발생하였을 때 그것을 빈도로 기록한다. 빈도 사건표집법의 작성 지침은 다음과 같다.

- 관찰하고자 하는 사건이나 행동을 분명하게 정해야 한다.
- 관찰하고자 하는 사건이나 행동에 대한 조작적 정의와 그 하위 범주에 대해 미리 숙지하고 있어야 한다.
- 관찰하고자 하는 사건 및 행동이 나타날 때마다 그 빈도를 기록할 수 있는 칸을 만들어 관찰자가 사용하기 편리하도록 관찰 양식지를 준비한다.
- 관찰하고자 하는 사건 및 행동이 나타날 때마다 그 빈도를 ✓혹은 /(세기표)로 표시한다.
- 관찰대상, 관찰시간 및 장면, 관찰 지시사항 등 관찰에 대한 기본적인 정보를 기입한다.

(3) 빈도 사건표집법의 실제

빈도 사건표집법을 활용하여 아동의 '놀이성'을 관찰한 예는 다음과 같다.

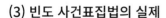
표 3-4 빈도 사건표집법의 예

관찰아동	신은우	관 찰 자	김성숙
생년월일	20○○년 ○월 ○일 (만 5세)	관찰일시	20○○. ○○. ○○
성 별	여	관찰행동	놀이성 발달

〈관찰행동〉 자유놀이시간 놀이성

〈지시사항〉
1. 영유아가 자유놀이 중 아래의 놀이성 발달 관련 행동을 보였을 때, 해당하는 범주에 / 표시한다.
2. 놀이성 행동이 동시에 다양하게 관찰되었을 때는 해당하는 범주에 모두 표시한다.
3. 놀이성 관련행동이 여러 번 나타날 때에는 나타날 때마다 표시한다.
4. 영역을 더 줄이거나 늘리거나 관찰하고 싶은 영역을 선택하여 관찰가능하다.

놀이성 영역	신체적 자발성	사회적 자발성	인지적 자발성	즐거움의 표현	유머감각
쌓기놀이			/		
역할놀이		///	//	////	////
미술 영역		///	/	///	//
수·조작 영역					
언어 영역				/	
요약					
	• 놀이를 할 때 자신의 감정을 잘 드러내는 '즐거움의 표현'이 가장 자주 나타나며, 이는 특히 역할놀이 영역에서 잘 발현된다. (즐거움의 표현) • 즐거움의 표현, 유머감각, 즐거움의 표현, 사회적 자발성의 놀이성이 고루 표현되고 있다. (유머감각, 즐거움의 표현, 사회적 자발성) • 신체적 자발성은 거의 보이지 않는다. (신체적 자발성)				
추론 및 평가	• 역할놀이 영역, 미술 영역 순으로 놀이할 때 자신의 놀이성을 가장 잘 표출한다. • 친구들과 놀이하는 것을 즐기며, 그 안에서 즐거움을 표현하며, 스스로 즐거움과 재미를 창출해 낸다. • 신체 움직임을 활용한 놀이에는 거의 참여하지 않는다.				

관찰을 통한 지원	• 역할놀이 영역에서 가장 잘 발현되는 놀이성이 신체적 움직임을 통해서도 잘 표현될 수 있도록 구체적인 놀이 주제 등을 제안한다. • 수·조작 영역, 언어 영역, 쌓기놀이 영역에서 놀이성이 잘 발현될 수 있도록 다양한 교구, 놀이 주제를 마련한다.

 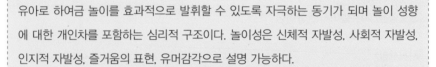

놀이성이란?

유아로 하여금 놀이를 효과적으로 발휘할 수 있도록 자극하는 동기가 되며 놀이 성향에 대한 개인차를 포함하는 심리적 구조이다. 놀이성은 신체적 자발성, 사회적 자발성, 인지적 자발성, 즐거움의 표현, 유머감각으로 설명 가능하다.

• 신체적 자발성	신체의 전부 혹은 부분의 움직임으로 놀이 활동 중 신체 각 부분 간의 협응 정도와 유연성, 민첩성 등 운동 기능 활동의 정도를 나타낸다.
• 사회적 자발성	유아가 놀이를 하는 과정에서 놀이의 대상이 되고 있는 또래들과의 협력 및 친밀한 접촉, 놀이에서 보이는 주도적 역할 등 다른 유아들과 협동하며 놀이하는 정도를 말한다.
• 인지적 자발성	유아가 놀이하는 과정에서 창의적인 방법으로 놀이를 하며, 창의적으로 놀잇감을 사용하는 정도를 말한다.
• 즐거움의 표현	유아가 놀이를 하는 과정에서 나타나는 감정, 기쁨, 즐거움, 성취감 등의 정도를 말한다.
• 유머 감각	유아가 놀이를 하면서 친구들과 농담하는 것을 즐기거나, 혹은 재미있고 우스운 이야기를 하는 것을 말한다.

출처: 이경진(2008).

(4) 빈도 사건표집법의 장단점

관찰하고자 하는 행동이나 사건이 나타났을 때 그것의 빈도를 관찰하고 기록하는 빈도 사건표집법의 장단점은 다음과 같이 정리할 수 있다.

〈장점〉

- 관찰하고자 하는 행동이나 사건에 대한 조작적 정의 및 범주가 확정되어 있으므로, 가장 간편하고 단순하게 아동의 행동을 관찰할 수 있다.
- 관찰하고자 하는 행동을 수량화하여 분석할 수 있다.
- 관찰법이 간단 · 명료하므로 여러 가지 주제 혹은 여러 명의 아동을 한꺼번에 관찰하는 것이 가능하다.
- 관찰하는 사건이 발생할 때마다 반복해서 기록하기 때문에 시간의 흐름에 따른 변화를 비교할 수 있다.

〈단점〉

- 관찰하고자 하는 행동이나 사건이 발생할 때까지 기다려야 하므로 관찰시간을 예측할 수 없다는 단점이 있다.
- 관찰하고자 행동의 출현 여부와 빈도만을 관찰하므로 행동의 원인을 파악할 수 없다.

4. 시간표집법

1) 시간표집법의 성격

시간표집법은 관찰하고자 하는 행동의 출현 빈도를 정해진 시간 동안 관찰하는 방식으로, 일정한 시간 간격을 두고 반복적으로 관찰하는 것이 특징이다. 이때 시간 간격은 관찰하고자 하는 행동의 특징, 관찰시간, 기록 시간에 따라 달라진다. 즉, 친사회적 행동을 시간표집법으로 관찰하고자 할 때, 1분 관찰 후 30초 기록의 방식으로 5~10회 관찰을 하거나, 30초 관찰 후 10초 기록하는 방식으로 5~10회 관찰할 수 있다.

시간표집법은 관찰의 기준이 시간에 있으므로 출현 빈도가 높고 관찰자가 쉽게 관찰할 수 있는 행동 관찰에 적합한데, 일반적으로 15분에 한 번은 일어날 것으로 기대되는 행동을 관찰하기에 적당하다(이정환, 박은혜, 2009). 이를 통해 아동의 행동에 대한 일반적인 경향을 파악할 수 있다.

한편 시간표집법에서 관찰하고자 하는 행동을 선정한 후에는 행동에 대한 조작적 정의를 통해 분명하게 그 행동에 대한 이해가 이루어져야 하며, 관찰 범주 역시 명확하게 정리 및 이해하는 것이 중요하다.

2) 시간표집법의 작성 지침

시간표집법은 행동의 출현 유무를 표시함으로써 아동의 행동 특성을 관찰하는 방법이다. 시간표집법의 작성 지침은 다음과 같다(이정환, 박은혜, 2009; 황해익, 최혜진, 권유선, 2019).

- 관찰하고자 하는 사건이나 행동을 분명하게 정해야 한다.
- 관찰하고자 하는 사건이나 행동에 대한 조작적 정의와 그 하위 행동 범주와 그 예를 미리 숙지하고 있어야 한다.
- 총 관찰시간을 미리 정한다. 관찰하고자 하는 행동의 특성과 출현빈도에 따라 다르지만 아동 관찰의 경우 5분 이하의 시간 안에서 시간표집법을 실시하는 것이 일반적이다.
- 관찰시간에 따른 시간의 간격 단위를 미리 결정한다. 관찰하고자 하는 행동, 출현빈도, 관찰대상자의 수, 기록시간 등에 따라 다르지만, 10초 관찰, 10초 기록, 30초 관찰 10초 기록, 30초 관찰 30초 기록, 1분 관찰, 30초 기록 등 다양하다.
- 총 관찰시간, 관찰시간의 간격 등을 고려하여 관찰횟수를 결정한다. 관찰대상자 아동 행동에 대한 대표성을 위해 더 많은 횟수의 관찰이 필요

하지만 이때에도 관찰하고자 하는 행동, 출현빈도, 관찰대상자의 수 등 다양한 변수를 고려하여 결정한다.

- 정해진 시간 안에 관찰하고자 하는 사건 및 행동의 출현 유무 혹은 빈도 중 무엇을 중심으로 기록할 것인지 결정한다. 출현 유무를 기록할 때에는 ✓, 출현 빈도를 기록할 때에는 /(세기표)로 표시한다.
- 관찰의 목적, 관찰행동의 특성, 관찰대상자 수, 관찰시간 등에 따라 관찰 양식지를 융통성 있게 작성한다.
- 관찰대상, 관찰시간 및 장면, 관찰 지시사항 등 관찰에 대한 기본적인 정보를 기입한다.

3) 시간표집법의 실제

시간표집법을 활용하여 아동의 사회적 행동을 관찰한 예는 다음과 같다.

표 3-5   시간표집법의 예

관찰아동	이지후	관 찰 자	강현경
생년월일	20○○. ○○. ○○ (만 5세)	관찰일시	20○○. ○○. ○○
성 별	남	관찰행동	사회적 행동

〈관찰행동〉 자유놀이시간: 사회적 행동

〈지시사항〉
1. 자유놀이시간 동안 쌓기놀이 영역에서 놀고 있는 영유아의 이름을 관찰용지에 적는다(1명).
2. 30초간 관찰한 후 10초간 기록하는 방식으로 10회 반복한다.
3. 30초간 관찰한 행동이 어느 단계에 속하는지를 판단해서 관련된 칸에 /로 표시한다. 만약 30초 동안 사회적 관련 행동을 보이면 나타난 모든 단계에 표시한다.

놀이유형 횟수	조절력	사교성	협력	주의산만/ 과다행동	우울/위축	공격성/ 비행행동
1회						
2회						//
3회				/	/	
4회						//
5회		/				
6회				//	/	//
7회					/	
8회				/		
9회						/
10회			/		/	

요약	• 또래와의 놀이시간에 공격성 및 비행행동의 부정적 사회적 행동을 가장 빈번하게 표출한다. (공격성/비행행동) • 놀이 과정에서 긍정적 사회적 행동보다 부정적 사회적 행동을 훨씬 빈번하게 보인다. (부정적 사회적 행동) • 놀림을 받을 때 적절히 반응하고, 화를 조절하면서 친구와 함께 자신의 임무를 적절히 조절하여 수행하는 조절력의 모습은 보이지 않는다. (조절력)
추론 및 평가	• 또래와의 놀이에서 자신의 화를 조절하지 못하고 공격성과 싸움 등 부정적 사회적 행동의 모습을 가장 자주 보인다. • 놀이를 하는 과정에서 자신의 생각과 감정을 긍정적인 모습으로 표현하는 방법을 잘 알지 못한다. • 긍정적 사회적 행동보다 부정적 사회적 행동을 더 빈번하게 표출하여 또래관계에 어려움을 가지는 것으로 보인다.
관찰을 통한 지원	• 부정적 사회적 행동을 할 경우 놀이에서 친구의 마음이 어떨지 공감해 보는 시간을 제공한다. • 자신의 생각과 감정을 긍정적인 방법으로 표현하는 방법을 알려 주고, 이를 직접 경험해 볼 수 있도록 지원한다. • 긍정적 사회적 행동을 통해 또래와의 놀이에서의 즐거움을 경험해 볼 수 있는 기회를 제공한다.

사회적 행동

유아가 사회적 임무를 능숙하게 완수하기 위해 수행하는 사회적 기술이 표출된 구체적
행동을 말하며, 이러한 행동들은 그 유아의 사회적 능력을 판단하는 근거로서의 행동이
된다. 긍정적 사회적 행동과 부정적 사회적 행동을 모두 포함하고 있어 긍정적인 의미
뿐만 아니라 부정적인 의미를 함께 담고 있는 개념이다.

긍정적 사회적 행동	조절력	놀림을 받을 때 적절히 반응하고, 화를 조절하면서 친구와 함께 자신의 임무를 적절히 조절하여 수행할 수 있는 사회적 행동
	사교성	친구를 잘 사귀고, 대화를 시도하며, 스스로 놀이에 개입하는 기술과 함께 놀이를 잘 리드하고 유지해 나가는 사회적 행동
	협력	친구와 함께 놀이하면서 서로 돕고, 놀잇감을 양보하거나 나누어 가지며, 미안함과 고마움을 표현할 수 있는 사회적 행동
부정적 사회적 행동	주의산만/ 과다행동	지나치게 많이 움직이는 것과 주의집중력의 문제, 또 이에 따른 행동상의 문제로 나타나는 사회적 문제행동
	우울/위축	우울하고 지나치게 걱정이 많거나 불안해하며 위축과 철수, 그리고 소극적인 태도가 나타나는 사회적 문제행동
	공격성/ 비행행동	공격성, 싸움, 반항행동, 비행행동 등의 사회적 문제행동

출처: 강현경(2009).

4) 시간표집법의 장단점

시간표집법은 정해진 시간 안에서 일정한 시간 간격으로 행동의 출현 유
무를 표시함으로써 아동의 행동 특성을 관찰하는 방법이다. 시간표집법의
장단점은 다음과 같이 정리할 수 있다(김희진, 박은혜, 이지현, 2011; 성미영 외,
2017; 이정환, 박은혜, 2009).

〈장점〉

• 관찰하는 시간을 미리 결정하므로 시간 소요에 대한 부담이 적다.

• 관찰하고자 하는 행동에 대한 정의가 분명하므로 신뢰도와 객관성이 높은 편이다.

• 관찰하는 시간을 미리 결정하므로 시간 소요에 대한 부담이 적다.

• 관찰법이 간단 · 명료하므로 여러 명의 아동을 한꺼번에 관찰하는 것이 가능하다.

• 관찰하고자 하는 행동을 수량화하여 분석할 수 있어 결과 해석에 시간이 적게 걸린다.

• 짧은 시간 안에 출현하는 행동을 명료하게 그리고 체계적으로 관찰할 수 있다.

〈단점〉

• 시간표집법은 자주 일어나는 행동을 관찰하기에만 적합하다. 즉, 아동의 경우 5분 이내에 발생할 수 있는 행동 관찰에 적합하므로 관찰할 수 있는 행동의 범위에 제한이 있다.

• 시간표집법은 시각적으로 관찰 가능한 행동에는 적합하나 아동 내면의 생각 및 감정을 관찰하기는 부적합하다.

• 시간표집법은 관찰하고자 하는 행동 및 사건의 발생 및 빈도만을 관찰하므로 행동의 원인을 파악할 수 없다.

5. 행동목록법

1) 행동목록법의 성격

행동목록법은 관찰하고자 하는 행동이 나타나는지를 알아보기 위해 사용하는 방법이다. 관찰자가 특정 행동 목록을 준비한 후 이 행동의 출현 유무를 확인하기 때문에 체크리스트로 불리기도 한다. 행동목록법을 사용하는 목적은 첫째, 어느 한 시점에서 특정 행동의 출현 유무를 관찰하고 '예' 혹은 '아니요'로 기록함으로써 관찰대상의 현재 상태를 평가하는 데 있다. 둘째, 행동목록법은 시간의 변화에 따른 변화를 알고자 사용한다. 즉, 특정 행동에 대한 목록을 학기 초와 학기 말에 반복하여 사용한 후, 그 변화를 비교함으로써 성장 및 변화를 확인할 수도 있다.

2) 행동목록법의 작성 지침

행동목록법은 관찰하고자 하는 행동의 출현 여부를 행동 목록에 체크하는 관찰법이다. 행동목록법의 작성 지침은 다음과 같다(성미영 외, 2017; 황해익, 최혜진, 권유선, 2019).

- 행동목록에 포함된 문항은 관찰 가능하고 구체적 행동을 표현해야 한다. 즉, 관찰하고자 하는 사건이나 행동을 분명하게 정해야 한다.
- 행동목록의 각 문항은 하나의 관찰 행동만을 기술해야 하며 문항 간 중복이 없어야 한다.
- 관찰대상, 관찰시간, 관찰 지시사항 등 관찰에 대한 기본적인 정보를 기입한다.

• 일반적으로 이미 개발된 행동목록 관찰양식지를 활용하므로, 관찰의 목적에 맞는 행동목록을 잘 선정하여야 한다.

3) 행동목록법의 실제

행동목록법을 활용하여 관찰한 예는 다음과 같다.

표 3-6 행동목록법의 예

관찰아동	박우진		관 찰 자	김성숙
생년월일	20○○. ○○. ○○ (만 2세)		관찰일시	20○○. ○○. ○○
성 별	남		관찰행동	아동발달 전반

〈관찰행동〉 한국 영유아 발달선별검사(K-DST 24~26개월용)

〈지시사항〉
1. 24~26개월 아동의 이름을 관찰용지에 적는다(1명).
2. 각 질문 항목에 대하여 '예, 아니요' 하나에 ✓ 표기한다.
3. 만약 아이가 질문 내용 속 행동을 할 수 있는지 모르는 경우 직접 시켜 보고 표기한다.

〈대근육운동〉	예	아니요
1. 제자리에서 양발을 모아 동시에 깡충 뛴다.	✓	
2. 계단의 가장 낮은 층에서 양발을 모아 바닥으로 뛰어내린다.		✓
3. 서 있는 자세에서 팔을 들어 머리 위로 공을 앞으로 던진다.	✓	
4. 난간을 붙잡고 한발씩 번갈아 내디디며 계단을 올라간다.	✓	
5. 발뒤꿈치를 들어 발끝으로 네 걸음 이상 걷는다(까치발로 네 걸음 이상 걷는다).	✓	
6. 난간을 붙잡지 않고 한 계단에 양발을 모은 뒤 한 발씩 한 발씩 계단을 올라간다(좌우 한 발씩 번갈아 올라가도 할 수 있는 것으로 표기하세요).	✓	
7. 아무것도 붙잡지 않고 한 발로 1초간 서 있는다.	✓	
8. 균형을 잡고 안정감 있게 달린다.		✓

〈소근육운동〉	예	아니요
1. 숟가락을 바르게 들어(음식물이 쏟아지지 않도록) 입에 가져간다.	✔	
2. 블록을 네 개 쌓는다.	✔	
3. 블록 두 개 이상을 옆으로 나란히 줄을 세운다.	✔	
4. 문손잡이를 돌려서 연다.	✔	
5. (색)연필의 아랫부분을 잡는다.	✔	
6. 유아용 가위를 주면 실제로 종이를 자르지는 못해도 한 손으로 종이를 잡고 다른 손으로는 가위 날을 벌리고 오므리며 종이를 자르려고 시도한다.	✔	
7. 신발 끈 구멍이나 구슬 구멍에 끈을 끼운 후 빼낸다.	✔	
8. 수평선 그리는 시범을 보여 주면 흉내 내어 그린다(이미 그려져 있는 선 위에 따라 그리는 것은 해당되지 않는다).		✔
〈인지〉	예	아니요
1. 그림책에 나온 그림과 같은 실제 사물을 찾는다(예: 열쇠 그림을 보고 실제 열쇠를 찾는다).	✔	
2. 동물 그림과 동물 소리를 연결한다.	✔	
3. 지시에 따라 신체 부위 다섯 곳 이상을 가리킨다(예: 눈, 코, 입, 귀, 팔 등).	✔	
4. 두 개의 물건 중 큰 것과 작은 것을 구분한다.	✔	
5. 빨간, 노란, 파란 토막들을 섞어 놓으면 같은 색의 토막들끼리 분류한다.	✔	
6. 동그라미, 네모, 세모와 같이 간단한 도형 맞추기 판에 세 조각 이상 맞춘다.	✔	
7. '많다-적다'와 같은 '양'의 개념을 이해한다(예: 사탕 두 개와 사탕 여섯 개를 놓고 어떤 것이 더 많은지 물었을 때 많은 것을 가리킬 수 있다).	✔	
8. 두 개의 선 중 길이가 긴 것과 짧은 것을 구분한다.	✔	
〈언어〉	예	아니요
1. 그림책 속에 등장하는 사물의 이름을 말한다(예: 신발을 가리키며 "이게 뭐지?"하고 물으면 신발이라고 말한다).	✔	
2. 정확하지는 않아도 두 단어로 된 문장을 따라 말한다(예: "까까 주세요." "이게 뭐야?"와 같이 말하면 아이가 따라 말한다).	✔	

	예	아니요
3. '나' '이것' '저것' 같은 대명사를 사용한다.	✓	
4. 다른 의미를 가진 두 개의 단어를 붙여 말한다(예: "엄마 우유." "장난감 줘." "과자 먹어.").	✓	
5. 단어의 끝 억양을 높임으로써 질문의 형태로 말한다.	✓	
6. 자기 물건에 대해 '내 것'이란 표현을 한다.	✓	
7. 손으로 가리키거나 동작으로 힌트를 주지 않아도, "식탁 위에 컵을 놓으세요."라고 말하면 아이가 바르게 수행한다.	✓	
8. '안에' '위에' '밑에' '뒤에' 중에서 두 가지 이상의 뜻을 이해한다.		✓
〈사회성〉	예	아니요
1. 아이가 엄마(보호자)의 관심을 끌기 위해 주변의 물건들이나 멀리 있는 사물을 손가락으로 가리킨다.	✓	
2. 즐겁게 하던 것을 못하게 하면, '싫다'라고 말이나 동작으로 표현한다.		✓
3. 엄마(보호자)의 관심을 끌기 위해 흥미 있는 물건이나 자신이 만든 것, 그린 것 등을 가져다 보여 준다.	✓	
4. 어른이 시키면 "미안해." "고마워."라는 말을 한다.	✓	
5. 다른 아이들의 행동을 보고 (간단한) 놀이의 규칙을 따른다.	✓	
6. 자신의 기분을 좋으면 좋다고, 나쁘면 나쁘다고 표현할 수 있다.	✓	
7. 3~4명과 어울려서 숨바꼭질, 술래잡기 등을 한다.	✓	
8. 자기 손에 닿지 않는 물건을 다른 사람에게 건네 달라고 부탁한다(예: "물 좀 주세요.").		✓
〈자조〉	예	아니요
1. 한 손으로 컵을 들고 마신다.		✓
2. 외투의 단추를 풀어주면 혼자서 벗는다.		✓
3. 먹을 수 있는 것과 먹을 수 없는 것(예: 종이, 흙, 휴지 등)을 구별한다.	✓	
4. 혼자서 슬리퍼를 신는다(좌우 구별은 하지 않아도 된다).		✓
5. 어른이 코를 닦으라고 말해주면, 휴지로 코를 닦는다.		✓
6. 단추나 끈을 풀어주면 바지를 혼자서 벗는다.		✓
7. 뾰족한 가구 모퉁이나 난간 없는 층계 등 위험물을 피한다.		✓
8. 음식을 먹다 흘리면 손이나 옷으로 닦지 않고 스스로 휴지나 냅킨으로 닦는다.		✓

요약	• 두 발을 모아 뛰거나, 공을 던지는 등 대근육운동이 대체로 잘 발달되어 있다. (대근육운동) • 숟가락으로 음식을 입에 넣거나, 블록을 옆으로 쌓는 등 소근육이 대체로 잘 발달되어 있다. (소근육) • 그림과 실물, 동물과 동물 소리를 일대응시키는 것이 가능하며, 모양, 색깔, 길이 등을 비교하고 그 차이를 안다. (인지) • 사물의 명칭을 이해하며, 두 단어를 조합하여 자신의 의사를 표현한다. (언어) • 주양육자의 관심을 끌기 위해 노력하고 또래들과 어울려 놀이하며 자신의 감정을 잘 표현한다. (사회성) • 옷 입고 벗기, 물 마시기, 뒷정리하기 등 기본적인 일상생활을 스스로 잘 하지 못한다. (자조)
추론 및 평가	• 발달적으로 연령에 적합한 수준으로 대근육운동, 소근육, 인지, 언어, 사회성 등이 발달되어 있는 것으로 보인다. • 대근육운동 및 소근육, 그리고 인지발달이 잘 이루어졌음에도 '자조' 영역의 발달이 저조한 것으로 보이는 것은 일상생활에 있어 스스로 할 기회를 충분히 제공하지 않은 것으로 판단된다.
관찰을 통한 지원	• 기본적인 일상생활을 위한 것을 할 준비, 즉 대근육, 소근육, 언어, 인지 등 전반적으로 연령에 적합하게 잘 발달되어 있으므로, 하루 일과 안에서 스스로 할 수 있는 기회를 충분히 제공하여 '자조' 영역의 발달을 지원해 줄 필요가 있다.

출처: 한국 영유아 발달선별검사 K-DST 24~26개월용. https://www.nhis.or.kr.

4) 행동목록법의 장단점

행동목록법은 관찰자가 관찰하고자 하는 행동이 보이는지를 확인하는 방법이다. 행동목록법의 장단점은 다음과 같이 정리할 수 있다(성미영 외, 2017; 황해익, 최혜진, 권유선, 2019; 이정환, 박은혜, 2009).

〈장점〉
• 관찰하고자 하는 행동의 출현 유무를 간단하고 명료하게 기록할 수 있다.

- 특별한 훈련 없이 아동의 행동을 관찰할 수 있는 방법이다.
- 관찰자가 시간이나 장소에 구애받지 않고, 언제 어디서든 관찰 및 기록이 가능한 방법이다.
- 여러 명의 아동을 한꺼번에 관찰하는 것이 가능하다.
- 관찰하고자 하는 행동을 수량화하여 분석할 수 있다.
- 동일한 행동을 시간차를 두고 관찰할 경우, 아동의 발달상황을 관찰하는 데 도움이 된다.

〈단점〉

- 특정 행동의 출현 유무는 확인 가능하지만 행동의 원인, 출현빈도, 맥락 등에 대한 정보는 파악할 수 없다.
- 행동목록표에 제시되지 않은 아동의 특성에 대해서는 전혀 이해하기 힘들다.
- 이미 만들어진 행동목록표를 활용하여 아동의 특성을 관찰하기는 쉽지만, 새로운 행동목록표를 개발하고자 할 때에는 시간과 노력이 많이 요구된다.

6. 평정척도법

1) 평정척도법의 성격

평정척도법은 관찰하고자 하는 행동의 유무와 함께 질적인 차이를 확인하고자 하는 방법이다. 즉, 특정 행동의 출현 유무를 밝히는 데 그치지 않고 행동의 질적인 특성을 확인하기 위해 연속성이 있는 단계로 수량화된 점수나 가치를 부여하는 기록지에 평정하는 방법이다. 때문에 행동목록법의 단점을 보완한 방법이다(황해익, 최혜진, 권유선, 2019). 하지만 평정척도법의 경우 관찰대상자의 행동을 관찰한 후, 추후 관찰결과를 종합하여 연속성이 있는 평가지에 수량화된 점수나 가치를 기록한다는 점에서 개인적인 편견이나 오류가 개입될 가능성이 있다(양명희, 임유경, 2016).

　한편 평정척도법은 행동의 질적인 차이를 구분하는 방식에 따라, 기술평정척도법, 숫자평정척도법, 도식평정척도법으로 나뉜다(이정환, 박은혜, 2009). 기술평정척도법은 행동의 한 차원을 연속성 있는 몇 개의 범주로 나누어 기술하는 형태이며, 숫자평정적도법은 평정하려는 행동의 특성 및 가치를 숫자로 부여한 것이며, 도식평정척도법은 관찰자의 판단을 돕기 위해 기술적인 유목에 선을 같은 간격의 직선을 첨가한 형태이다. 이는 〈표 3-7〉과 같은 예로 설명할 수 있다.

표 3-7　평정척도법의 유형

유형	유형의 예
기술평정척도법	• 주변을 깨끗이 하기 （　）사용한 물건을 정리하지 않는다. （　）교사가 함께 치울 때만 사용한 물건을 정리한다. （　）교사가 치우도록 격려하면 사용한 물건을 정리한다. （　）사용한 물건을 스스로 정리할 때가 있다. （　）사용한 물건을 스스로 정리한다.
숫자평정척도법	• 주변을 깨끗이 하기 　　　1　　　2　　　3　　　4　　　5 （1: 하지 않음　2: 시도함　3: 보통　4: 잘함　5: 매우 잘함）
도식평정척도법	• 주변을 깨끗이 하기 사용한 물건을 정리　├──┼──┼──┼──┤　사용한 물건을 스스로 하지 않는다.　　　　　　　　　　　　　정리한다.

출처: 황해익, 최혜진, 권유선 (2019).

2) 평정척도법의 작성 지침

관찰하고자 하는 행동의 유무와 함께 질적인 차이를 확인하고자 하는 평정
척도법의 작성 지침은 다음과 같다.

- 관찰하고자 하는 아동 행동의 특성을 선정하고, 이를 위한 평정척도를
  개발하거나 기개발된 평정척도를 선정한다.
- 사용할 평정척도법의 유형을 정한 후, 관찰양식지를 만들고, 필요할 경우
  가능한 명확하고 간결한 문장으로 수정한 후 전문가의 조언을 구한다.
- 평정의 단계를 결정한다. 3단계, 4단계, 5단계 등 관찰대상자, 관찰행동
  등의 특성과 함께 관찰자의 훈련 여부에 따라 결정한다.
- 관찰대상, 관찰시간, 관찰 지시사항 등 관찰에 대한 기본적인 정보를 기
  입한다.
- 평정하는 과정에서 개인적인 편견이 개입되지 않도록 주의한다.
- 일반적으로 이미 개발된 도구, 즉 평정척도를 활용하므로, 관찰의 목적
  에 맞는 평정척도를 잘 선정하여야 한다.

3) 평정척도법의 실제

평정척도법 중 가장 널리 사용되는 숫자평정척도법을 활용하여 관찰한 예
는 다음과 같다.

표 3-9 평정척도법의 예

관찰아동	김하늘	관 찰 자	김정희
생년월일	20○○. ○○. ○○ (만 5세)	관찰일시	20○○. ○○. ○○
성 별	남	관찰행동	유아의 놀이성

〈관찰행동〉 아동의 놀이성: 놀이 시간

〈지시사항〉
1. 1주일간 아동의 놀이 모습을 지속적으로 관찰한다.
2. 각 문항에 대해 해당되는 곳에 표기한다. (예: ✓, ❶ 등)

번호	문항	전혀 그렇지 않다	그렇지 않은 편이다	보통 다	그런 편이다	항상 그렇다
1	놀이 활동을 할 때 각 신체 기관의 협응이 잘 된다.	①	②	③	❹	⑤
2	놀이하는 동안 적극적으로 신체를 움직인다.	①	②	③	❹	⑤
3	놀이할 때 정적활동보다 동적활동을 좋아한다.	①	②	③	④	❺
4	놀이할 때 많이 움직인다.	①	②	③	④	❺
5	놀이하는 동안 다른 아이들의 접근에 쉽게 반응한다.	①	②	❸	④	⑤
6	다른 아이들과 협동적으로 놀이한다.	①	❷	③	④	⑤
7	다른 아이들과 어울리려고 노력한다.	①	❷	③	④	⑤
8	친구를 쉽게 사귄다.	①	②	❸	④	⑤
9	다른 아이들과 놀이할 때 주도적이다.	①	❷	③	④	⑤
10	다른 아이들과 놀잇감을 나누어 놀이한다.	①	②	❸	④	⑤
11	다른 아이들과 놀이할 때 리더 역할을 하려 한다.	①	❷	③	④	⑤
12	자기의 독특한 놀이방법을 만들어 낸다.	①	②	③	❹	⑤
13	놀이를 할 때 틀에 얽매이지 않고 자유롭게 물건을 사용한다.	①	②	③	❹	⑤
14	놀이를 할 때 여러 가지 성격의 역할을 하고자 한다.	①	②	❸	④	⑤
15	놀이하는 동안 한 활동만 고집하지 않고 활동을 바꾸어 가며 한다.	①	②	③	❹	⑤
16	놀이하는 동안 즐거워한다.	①	②	③	④	❺
17	놀이하는 동안 기운차 보인다.	①	②	③	④	❺

18	놀이에 열중한다.	①	②	③	④	❺
19	놀이하는 동안 감정을 자유로이 표현한다.	①	②	❸	④	⑤
21	다른 아이들과 우스운 이야기하기를 좋아한다.	①	②	❸	④	⑤
22	놀이를 할 때 장난기가 많다.	①	②	❸	④	⑤
23	재미있는 이야기를 잘한다.	①	②	❸	④	⑤
24	우스꽝스러운 이야기를 들으면 잘 웃는다.	①	②	③	④	❺
25	놀이를 할 때 익살부리기를 좋아한다.	①	②	❸	④	⑤
요약	• 놀이를 하는 과정에서 대소근육 협응, 활발한 신체 움직임을 보인다. (신체적 자발성) • 또래와의 놀이에서 주도적이지 못하며 함께 협동하여 놀이하거나 어울려 놀이하는 것을 어려워한다. (사회적 자발성) • 놀이하는 과정에서 자기만의 독특한 방법을 잘 생각해 내며 자유롭게 물건을 활용하며 놀이한다. (인지적 자발성) • 놀이하는 동안 즐거워하며 놀이에 집중한다. (즐거움의 표현) • 놀이하면서 친구들의 재미있는 이야기를 듣고 반응하지만 스스로 재미있는 이야기를 하거나 익살부리기를 즐겨 하지 않는다. (유머감각)					
추론 및 평가	• 신체적 움직임이 많은 놀이를 잘하며 신체발달이 또래에 비해 빠른 편이다. • 또래와의 놀이를 어려워하며 사회관계 형성에 주도적이거나 능숙하지 못하다. • 자신만의 방법으로 놀이를 해 나가는 등 인지적인 발달은 보통이다. • 놀이에 즐겁게 참여하는 편이지만 친구들을 위해 재미있는 이야기거리 등을 만들어 친구들을 리드하는 것은 힘들어한다.					
관찰을 통한 지원	• 또래와의 관계형성에 어려움을 보이므로, 하늘이가 좋아하고 능숙한 신체적 움직임이 많은 놀이를 통해 관계 형성 및 놀이를 주도할 수 있는 기회를 마련해 줄 수 있다. • 놀이 과정에서 자신의 생각과 감정을 표현하는 기회를 더 많이 제공함으로써 놀이를 통해 자연스럽게 또래와의 놀이를 즐길 수 있도록 지원한다.					

출처: 이경진(2008).

🎭 놀이성이란?

유아로 하여금 놀이를 효과적으로 발휘할 수 있도록 자극하는 동기가 되며 놀이 성향에 대한 개인차를 포함하는 심리적 구조이다. 놀이성은 신체적 자발성, 사회적 자발성, 인지적 자발성, 즐거움의 표현, 유머감각으로 설명 가능하다.

• 신체적 자발성	신체의 전부 혹은 부분의 움직임으로 놀이 활동 중 신체 각 부분 간의 협응 정도와 유연성, 민첩성 등 운동 기능 활동의 정도를 나타낸다.
• 사회적 자발성	유아가 놀이를 하는 과정에서 놀이의 대상이 되고 있는 또래들과의 협력 및 친밀한 접촉, 놀이에서 보이는 주도적 역할 등 다른 유아들과 협동하며 놀이하는 정도를 말한다.
• 인지적 자발성	유아가 놀이하는 과정에서 창의적인 방법으로 놀이를 하며, 창의적으로 놀잇감을 사용하는 정도를 말한다.
• 즐거움의 표현	유아가 놀이를 하는 과정에서 나타나는 감정, 기쁨, 즐거움, 성취감 등의 정도를 말한다.
• 유머 감각	유아가 놀이를 하면서 친구들과 농담하는 것을 즐기거나, 혹은 재미있고 우스운 이야기를 하는 것을 말한다.

출처: 이경진 (2008).

4) 평정척도법의 장단점

평정척도법의 장단점은 다음과 같다(성미영 외, 2017; 황해익, 최혜진, 권유선, 2019; 이정환, 박은혜, 2009).

〈장점〉
- 관찰하고자 하는 행동을 짧은 시간 안에 간편하게 평가할 수 있다.
- 관찰과 동시에 기록하지 않고 관찰자가 편리한 시간에 기록할 수 있다는 장점이 있다.

- 행동의 출현유무뿐 아니라, 행동의 질적인 특성을 평가할 수 있기에 아동에 대해 더 많은 정보를 제공한다.
- 여러 명의 아동을 한꺼번에 관찰하는 것이 가능하다.
- 관찰하고자 하는 행동을 수량화하여 분석할 수 있다.
- 동일한 행동을 시간차를 두고 관찰할 경우, 아동의 발달상황을 관찰하는 데 도움이 된다.

〈단점〉

- 특정 행동의 출현 유무와 질적인 특성은 평가 가능하지만 행동의 원인, 맥락 등에 대한 정보는 파악할 수 없다.
- 아동을 관찰한 장면에서 바로 기록하지 않고, 관찰 후 종합적으로 판단하므로 관찰자의 기억 등에 의해 편견이 개입될 수 있다.
- 행동의 질을 평정함에 있어, 척도의 양극단 점수보다는 '보통'이라는 중앙점수에 평가하는 오류를 범하기 쉽다.
- 평정척도법을 위한 목록을 활용할 경우 간편한 방법이지만, 관찰하고자 하는 행동에 대한 범주 및 목록을 개발하는 것은 쉽지 않다.

제 2부

아동
행동의
이해

제4장 행동의 이해

제5장 아동행동 평가 및 검사

제4장

행동의 이해

1. 행동의 개념

1) 행동의 정의

행동은 인간을 포함한 동물의 활동과 반응 전반을 가리키는 말이다, 유사한 용어로 행위(act), 활동(activity)이 있다. '행위'가 일반적으로 의도나 목적을 가지는 인간의 활동을 가리키는 데 비해, '행동'은 무의식의 활동(조건반사 등)도 포함한 보다 폭넓은 개념으로 본다(위키백과, 2020). 또한 행동이란 관찰 가능한 매 순간의 활동이며, 여러 패턴으로 나타난다(Kolb & Whishaw, 2011).

어떤 동물의 행동 패턴은 상대적으로 고정되어 있다. 다시 말하면 대부분의 행동이 선천적인 반응이라는 것이다. 그러나 또 다른 어떤 동물의 행동 패턴에는 선천적인 것과 학습된 것이 동시에 존재한다. 만일 한 종의 모든 개체들이 동일한 상황 중엔 모두 같은 행동을 한다면, 그 종은 자동적으로 고정된 행동 패턴을 산출하는 어떤 선천적 신경계를 물려받았을 것이다. 반면에, 같은 종의 개체들이 같은 상황에서도 각각 다른 행동 패턴을 보인다면, 그 종은 훨씬 더 융통성 있는 신경계를 물려받았을 것이고, 그 결과 학습에 의해서 행동을 변화시킬 수 있을 것이다.

선천적 행동과 학습된 행동이 어느 정도로 섞여 있는지는 종마다 다르다. 일반적으로 작고 단순한 신경계를 가진 동물은 주로 유전된 좁은 범위의 행동만을 한다. 그러나 복잡한 신경계를 가진 동물들은 학습에 의한 다양한 행동을 할 수 있다.

2) 인간의 학습된 행동

인간은 가장 복잡한 신경계를 가지고 있으므로 새로운 반응을 학습할 수 있는 뛰어난 능력이 있다. 물론 인간도 다른 종들과 마찬가지로 여전히 물려받은 선천적 반응도 가지고 있다. 예를 들면, 신생아의 젖을 빠는 반응은 우리 인간이 선천적으로 물려받은 섭식 패턴이다. 그러나 이전의 단순한 신경

 선천적 행동(고정된 행동 패턴)과 학습된 행동(더 융통성 있는 행동 패턴)

잣새의 부리는 태어날 때부터 솔방울을 까먹기 좋게 되어 있다. 잣새가 솔방울을 먹을 때는 선천적으로 물려받은 고정된 행동 패턴만 있으면 되고 학습에 의한 행동의 변화는 필요치 않다.

새끼 잡쥐는 솔방울 까먹는 행동을 어미로부터 배워야 한다.
잡쥐의 솔방울 까먹는 행동은 학습된 것이다.

출처: Kolb & Whishaw (2011), p. 7.

계에 새로운 신경계 구조를 얹어서 보다 복잡한 신경계를 갖게 된 인간은 많은 경우 학습에 의해 다양한 행동을 할 수 있다. 이를 통해 인간은 자신의 환경을 스스로 통제하고, 자신의 반응을 통해 미래의 결과에 영향을 줄 수 있게 된다(Kolb & Whishaw, 2011).

3) 학습된 무력감

인간의 학습능력은 많은 경우 보다 나은 행동을 이끌어 내고 보다 긍정적인 미래로 이끄는 데 기여하게 된다. 그러나 모든 인간의 행동이 긍정적으로만 학습되며 통제되는 것은 아니다. 어떤 개인이 자신이 처한 환경에서 자기가 자발적으로 할 수 있는 일은 아무것도 없다고 느끼게 되면 그는 주변 상황을 통제하려 하기보다는 육체적·심리적 위협과 벌을 그대로 수용하는 수동성을 발달시키고, 삶에 대한 의지를 상실하게 되는 부정적 심리상태에 이르게 된다. 무력감이 학습되는 것이다.

학습된 무기력의 사례

뛰지 못하는 벼룩 이야기

https://blog.naver.com/stranger234/221275786052

출처: 2011년 과학저널 『사이언스』

'학습된 무력감'은 1960년대 Seligman이 동료들과 동물을 대상으로 회피학습을 통한 공포의 조건형성을 연구하던 도중에 발견한 현상으로 자신의 반응이 미래에 일어날 결과를 통제할 수 없다고 예상하고, 통제 가능한 상황에서도 회피하거나 노력을 하지 않게 되는 현상이다. 이는 누적된 실패경험으로 인하여 학습의욕 및 자기통제력을 상실하게 되는 것을 의미한다. 따라서 학

습된 무력감은 스스로의 의지와 노력으로는 아무것도 달성할 수 없음을 반복
적으로 경험하게 되면서 환경에 대해 수동적이 되며 문제 해결에 대한 기대
와 행동을 쉽게 포기하게 되는 현상이라고 할 수 있다.

Seligman(1975)은 학습된 무력감에 빠진 아동은 인지적으로 낮은 자존감,
성공 가능성에 대한 낮은 기대, 의사 결정 능력의 저하를 경험하며, 정서적으
로 열등감, 불안, 우울, 절망, 소외감을 느끼고, 반응행동 비율이 감소하거나
지속능력이 부족해진다고 하였다. 이러한 학습된 무력감은 어린 유아에게서
보다는 취학 아동 및 청소년들에게 더욱 영향을 미치는 위험요인으로 작용하
게 된다(박시현, 2015).

학습된 무기력을 극복하는 법 이해하기
https://jisike.ebs.co.kr/jisike/index
ㄴ. EBS 홈페이지〉지식채널 e 〉사회면〉학습된 무기력을 극복하는 법

2. 행동의 원인

인간은 무엇으로 인해 자신과 타인, 그리고 환경에 대하여 특정한 방식으
로 행동하게 되는 것일까? 행동이론가는 인간의 행동에 대해 '정신역동적 설
명, 생물행동적 설명, 환경론적 설명 그리고 행동주의적 설명'이라는 네 부류
로 그 답을 제시하고 있다.

Argyris와 Schon(1992)은 행동을 분석하고 이해하려는 이와 같은 관점을
'행동이론' 철학 또는 '지지신념'이라고 부르고 있는데, 이러한 인간 행동 원
인에 대한 관점은 한 사람이 행동의 원인을 어떻게 추정하고 또한 어떠한 방
식으로 반응하게 되는가에 지대한 영향을 미치게 된다.

교사의 경우, 학생들이 표출하는 행동에 대해 교사 자신이 어떤 행동이론 철학 또는 지지신념을 갖고 있느냐에 따라 학생행동의 원인을 규명하고 또 이에 맞춰 행동관리 차원의 개입을 하게 된다. 예를 들어, 아동 행동의 주된 원인이 환경이라고 인식하는 교사는 심리적 요인이나 생물학적 요인이 원인이라고 인식하는 교사와는 매우 다른 방식으로 행동관리 및 개입을 하게 된다(Walker, Shea, & Bauer, 2007).

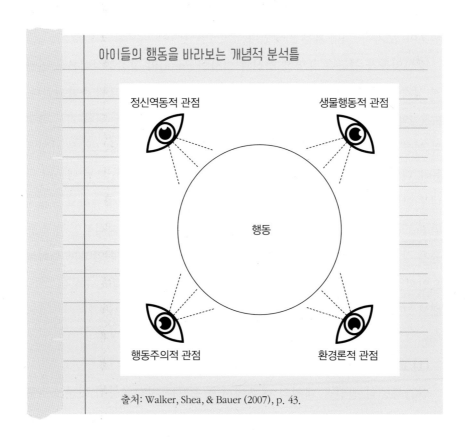

출처: Walker, Shea, & Bauer (2007), p. 43.

1) 정신역동적 관점

정신역동적 모델(psychodynamic model)은 Freud의 이론적 체계로부터 확립된 개념이다. 이 이론에서는 역동적인 정신 내적 삶이 존재한다고 믿고 있고, 인간 행동의 원인이 개인의 내부에 존재하는 것이라고 보았다. 즉, 인간의 행동이 역동적인 정신 내적 삶에 의해 결정된다는 것이다. Freud는 성격이 서로 관계가 있는 세 가지 요소로 구성되어 있다고 보았는데, 그것이 바로 원초아, 초자아, 자아 개념을 낳았다.

정신역동적 접근은 유명한 정신과 의사인 Freud의 정신분석이론을 인간의 성격, 정서 등 정의적 발달과정을 설명하는 데 적용함으로써 출발되었다. Freud와 Erikson의 정신분석학적 접근에서는 인간의 생존을 위한 기본 욕구와 이를 충족시켜 주거나 억압하는 사회적 요인 간의 갈등과 그 극복 과정을 통해 나타나는 성격구조를 중시하고 있다. Freud와 Erikson 모두 행동이 그 내부 안에 형성된 성격구조에 의해 나타나게 된다는 시각을 공유하고 있었지만 Freud는 성욕이나 공격성 등 인간의 보다 본능적이고 무의식적인 욕구 표출을 강조하는 반면, Erikson은 이들 욕구를 충족시키거나 억압하는 사회적 요인의 역할에 보다 큰 비중을 두고 있었다는 점(김준규 ,박희숙, 추성경, 2005)에서 그 차이를 찾아볼 수 있다.

(1) 교육적 접근

인간행동의 원인을 개인의 내부에서 찾으려는 정신역동적 이론으로부터 정신역동적–대인관계적 교육 전략 또는 심리교육학적 전략(psychoeducational approach)이 개발되었다. 심리교육학적 접근은 문제가 있는 아동의 교육에 대한 이론, 방법이나 관점을 대표하는 일반적인 명칭이다.

이 접근법에서의 교사들은 교육치료사로서의 역할을 감당하며 아동의 행동을 관대하게 다루고 이해하며 수용해야 한다. 정신역동적 이론을 교육과

정신역동적 관점에서 본 행동의 원인론

출처: Walker, Shea, & Bauer (2007), p. 44.

정에서 적용하고자 하는 교사들의 우선 목표는 '학생이 학교에서 왜 그러한 특정 방식으로 행동하는지'를 이해하는 것이다. 그리고 이 목표는 정신분석적 개념을 기반으로 한 정신역동적 맥락에서 행동을 해석함으로써 이루어질 수 있다. 교사가 가장 주안점을 두는 것은 아동이 받아들일 수 있는 방식으로 의사소통을 하고 그 아동과 안전하고 의미 있는 관계를 형성하는 것이다. 따라서 라포형성을 위해서 교육이라는 목표는 2차적인 것이 될 수 있다. 즉, 학급 내에서 병리적 어려움을 보이는 아동이 있을 때 우선적으로 이들에게 정신적으로 건강한 분위기를 제공하고, 그 아동의 병리적 상태를 거리낌 없이 받아들이며, 아이가 성공적으로 수행할 수 있는 수준과 환경에서 시작하여 학습해 나가도록 격려하고 지원하는 것이다. 이러한 정신역동적 이론은 1950~1960년대 교육프로그램의 주류를 이루었으나 현재는 더 이상은 크게 주목받지 못하고 있다.

2) 생물행동적 관점

생물행동적 이론(biobehavioral theory)은 인간의 기질적 원인에 중점을 둔

다. 즉, 인간의 행동은 기질에 따른 것이라는 해석이다. 이 개념적 모델을 옹
호하는 사람들은 신체적 결함, 기능부전, 질병과 그 사람의 행동 사이에 관계
가 있다고 가정한다.

(1) 교육적 접근

생물행동적 모델은 아동교육에서는 핵심적 이론은 아니지만, 이 모델은 심
각한 정서장애와 행동장애, 자폐증, 학습장애, 발달장애를 가진 아이들의 부
모와 전문가들 사이에서는 중요한 것으로 간주되고 있다. 생물행동적 모델
의 영향을 받은 '행동관리 실행'에서는 해당 아동의 역기능을 유발하는 기질
적인 기제와 부적절한 행동의 원인이 유발되는 과정을 변화시키거나 상쇄시
키는 것에 주로 관심을 가진다.

생물행동적 결함으로 인해 나타나는 장애는 구조적 결함, 기능적 결함, 선
천성 신진대사장애, 혈액질환의 네 가지로 분류되고 있는데 이러한 결함을
완화하거나 수정하기 위하여 몇 가지의 치료적·예방적 의료개입이 개발되
었다. 이러한 개입에는 출생 전후의 건강관리, 적절한 영양공급과 식이요법,
일반 및 특별 신체검사, 약물치료 그리고 유전에 관한 상담 등이 포함된다.

내부의
기질적
문제

생물행동적 관점에서 본 행동의 원인론

출처: Walker, Shea, & Bauer (2007), p. 48.

교육장면에서 살펴보면, 생물행동적 모델의 영향을 받은 교사는 아동의 수업 일일계획표를 작성하고, 학습과제를 자주 반복해서 할 수 있게 기회를 주고, 학습을 쉬운 것에서 어려운 것으로 순차적으로 이루어지도록 도와준다. 또한 외부 환경자극을 감소시키는 것을 중요하게 여긴다.

3) 환경론적 관점

환경론적 이론가는 인간 행동에 미치는 환경의 영향을 현대 사회에서의 중요한 주제로 꼽는다. 사회학과 생태학은 인간의 행동에 대한 원인론적 모델로서 발전되어 왔다. 사회학(sociology)은 전통적으로 조직화된 인간 집단의 발달, 구조, 상호작용, 행동 등을 연구하는 학문이다. 또한 생태학(ecology)은 어떤 유기체와 그가 존재하는 환경 사이에 일어나는 상호작용을 연구하는 학문이다. 교육에 대한 응용 측면으로의 생태학은 한 아동 또는 집단과 그 환경에 존재하는 타인 사이의 상호관계를 연구하는 학문이라 할 수 있다.

(1) 교육적 접근

환경론적 이론가는 아동의 행동과 그 행동을 하게 만든 환경을 분리해서 생각하는 것은 잘못된 생각이라고 주장한다. 아동의 행동은 특정한 시기, 장면, 환경, 장소의 결합으로 일어나는 집합적인 결과물이라고 보기 때문이다.

교육적인 측면에서 교육자가 중요하게 간주하는 환경론적 이론은 일탈 관점이다. 예를 들어, 정신질환과 같은 질병은 사회의 규범을 위반하는 일탈의 개념으로 이해된다. 이에 따라 환경론적 모델을 아동의 교육프로그램에 적용할 때는 무엇보다도 환경이 집단과 개인에게 미치는 영향을 인식하고, 개인과 집단의 이익을 위해 환경을 탐색하고 조율하도록 요구한다.

요약하면, 환경론적 분석틀은 행동, 환경, 개인과 환경 사이의 상호작용에 대해 관심을 가지며, 첫째, 문제는 아동에게 있는 것이 아니다. 둘째, 환경론

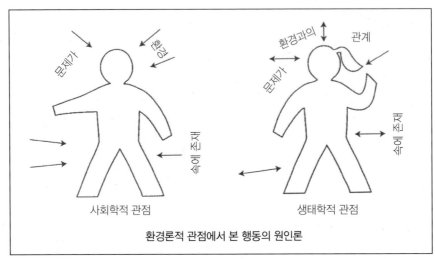

사회학적 관점　　　　　　　생태학적 관점

환경론적 관점에서 본 행동의 원인론

출처: Walker, Shea, & Bauer (2007), p. 51.

적 개입이 효과적이기 위해서는 어떠한 형태로든 아동이 기능하는 생태학적
체계를 변화시켜야 한다는 가정에 기초하여 성립되었다.

4) 행동주의적 관점

　행동주의 이론가와 행동관리 실행자는 인간 행동의 원인을 사람이 존재하
는 환경 속에서 찾으며, 외부에 존재한다고 본다. 행동주의의 근간인 행동주
의 심리학(behavioral psychology)은 언어와 사건을 포함한 다양한 행동을 과
학적으로 연구하는 학문이다.

　행동주의자들은 행동을 '생화학적·생리적 과정을 포함하여, 관찰과 측정
이 가능한 인간이 하는 모든 행위'라고 정의한다. 그들은 인간 행동의 원인을
그 사람의 외부에서 찾기 때문에 개인의 행동은 1차적으로 외적인 영향력에
의해 결정된다고 보며 인간의 모든 행동은 자극과 반응에 의해서 학습되어지
는 것이라고 주장한다. 또한 모든 인간의 행동은 적응이든 부적응이든 강화
의 원리가 적절히 적용된 결과라고 가정한다.

(1) 교육적 접근

행동수정 실행자들의 행동수정기법은 Bandura(1969), Skinner(1971), Wolpe(1961) 등의 행동이론(behavioral theory) 저술과 연구에 뿌리를 두고 있다. 그리고 이 원리를 인간의 다양한 문제에 성공적으로 적용시켰다. 이와 같은 행동수정개입을 적용함으로써 수정되는 문제행동에는 정신병, 자폐증, 신경증, 학습장애 등이 있다.

여러 가지 행동수정개입은 학교에서 장애를 가진 학생을 대상으로 성공적으로 실행되었다. 교육현장에서 교사들이 행동장애를 가진 아동에게 행동수정을 적용하기 위해서는, 첫째, 변화시키려는 행동을 관찰하여 명료화하고, 둘째, 효과적인 강화물을 선정하여 적절한 시기에 제시하며, 셋째, 강화의 원리에 기초한 개입기법을 설계하여 일관성 있게 적용하고, 넷째, 개입 효과를 탐색하고 평가하는 등의 절차가 요구된다.

행동주의적 관점에서 본 행동의 원인론

출처: Walker, Shea, & Bauer (2007), p. 55.

3. 아동의 행동 이해

교육현장의 교사는 아동의 행동을 관찰하면서 어떠한 행동이 문제행동이 며 어떠한 행동이 정상행동인지를 구분하는 것에 어려움을 느낀다. 각자 성 향과 개성이 다른 아동의 행동은 모두 다를 수 있으며 모든 상황에서 동일하 게 나타날 수 없다. 똑같은 상황에서도 이 아이는 이렇게 행동을 하지만 저 아이는 또 다른 행동을 할 수도 있다(최영희, 2017). 그러면 아동의 행동 속에 서 정상행동과 문제행동을 어떻게 구분할 수 있을까? 무엇이 정상행동이며 문제행동이라 할 수 있을까? 이에 대한 이해는 중요하다.

1) 정상행동

아동의 행동 속에서 무엇을 '정상'으로 보느냐 하는 점은 판단하는 사람이 가지고 있는 관점에 따라 다르다. 따라서 어떤 아동의 행동이나 정서적 반응 또는 사고방식이 정상에서 벗어났다고 말하기 위해서는 어떠한 관점으로 보 느냐가 중요하다.

인간의 행동이 정상이라고 하는 것은 다음의 네 가지 관점에서 살펴볼 수 있다. 따라서 아동의 행동이 정상인지 아닌지의 판단도 이러한 관점에 볼 수 있을 것이다.

(1) 건강하면 정상(Normality as health)

전통적으로 건강(health)을 정상(normal)과 동일하게 간주해 왔다. 즉, 신체 적으로나 정신적으로 병적인 증상이 없어야 정상이라는 것이다. 예를 들어, 아동이 고통이 없고, 불안해하지 않으며, 우울해하지 않는 상태가 정상인 것 이다. 어떤 아동은 기관에서 적응을 잘할 뿐만 아니라 타인과의 원활한 관계

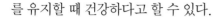

를 유지할 때 건강하다고 할 수 있다.

(2) 이상(理想)적인 상태가 정상(Normality as utopia)

성격상의 여러 요소들이 최상의 조화를 이루어, 큰 갈등 없이 욕구 충족을 맛보며 사는 상태, 그래서 최상의 기능발휘를 하는 것을 정상이라고 본다. 이는 정신분석적 관점에서 내린 정상의 개념이다. 하지만, '소위' '성인'들을 제외하고는 이런 사람은 드물다. 특히 취학 전 유아에게서 이상적인 상태를 기대하는 것은 있을 수 없는 일이다. 왜냐하면 유아는 아직 미숙한 존재이기 때문이다. 언어능력이 미숙하고, 타인과 어떤 관계를 형성하며 생활해야 하는지를 판단하는 것도 미숙하다. 성장, 발달의 과정에 있는 유아는 완숙한 성인과는 엄연히 구분되어야 한다. 이 기준은 유아를 판단할 때는 적용될 수 없을 것이다.

(3) 보통(평균)이 정상(Normality as average)

사회적으로 특별하지 않고 보통 사람 안에 들어가야, 즉 다수에 포함되어야 정상이라고 본다. 이는 통계학적으로 바라본 것이다. 통계적 기준에 따르면, 어떤 아동이 보이는 행동이나 정서가 대부분의 아동이 동일한 상황에서 보이는 행동에 비해 얼마나 일탈되었는가에 따라 정상과 이상을 구분한다. 이 경우 사용되는 일탈이란 학급 아동 전체 혹은 해당 연령대의 아동전체의 평균으로부터 지나치게 높거나 지나치게 낮게 벗어난 행동을 말한다. 예를 들어, 해당 연령대에 속한 대다수의 아이가 손가락을 빨지 않는데도 유독 그아이만이 손가락을 빤다면 그 아이는 정상이 아닌 것으로 간주될 수 있다. 또한 다른 아이들은 자리에 앉아서 차분히 자신의 활동을 하는데 유독 어떤 아이만이 교실을 여기 저기 돌아다닌다면 이 역시 정상적인 행동이 아닌 것이다. 그리고 다른 아이들은 모두가 활발하게 활동하는데 어떤 아이만이 활동을 하지 않고 구석에 쭈그리고 앉아 있다면 이 또한 정상적인 행동이 아닌 것이다.

이것이 일반적으로 가장 많이 쓰는 관점이며 이는 행동주의에서 보는 관점과도 동일하다. 행동주의 하에서는 문제행동을 과잉 또는 결핍행동으로 보고 있다. 예를 들어, 말을 하는 행동 자체는 정상이지만 쉴 새 없이 말을 한다면 이는 과잉행동이며, 종일 한 마디도 하지 않는 것은 결핍행동이라 할 수 있다. 실제 아동들에게 나타나는 문제행동에서 보면, 불리불안장애는 어머니와 떨어져 있을 때 나타나는 불안행동이 지나친 것을 말하는 것으로 이는 과잉행동이라 할 수 있다. 반면 사교적이지 못한 아이는 정상적인 아이에 비해 사회적 상호작용이 지나치게 적은 것을 말하며 이러한 행동을 결핍행동이라 할 수 있다.

그러나 평균적인 범위를 정상으로 보고, 그 기준의 범위에서 이탈하면 문제로 보는 이 입장은 통계적으로 정상범위를 벗어난 점수를 얻는 사람, 즉 지나치게 낮은 수준에 속하거나 지나치게 높은 수준에 속하는 점수를 얻은 사람을 모두 이상으로 분류한다는 점이 문제점으로 지적되고 있다. 인간의 행동특성이나 능력에 대해 평균적인 범주라고 하는 틀을 만들어야 하며 이 틀에서 이탈하는 정도가 크면 클수록 비정상의 정도가 크다고 판단한다. 이는 신체, 체중과 같은 경우에는 괜찮지만 행동은 객관적 판단이 어렵기에 이 판단기준은 적절치 않다.

(4) 성장과 변화가 있어야 정상(Normality as process)

시간의 경과에 따라 성장하고 변화해야 정상이라는 것이다. 발달적 관점에서 바라본 정상의 정의다. 예를 들어, 대소변을 잘 가리던 아이가 동생이 태어난 후 자신의 어린 시절 행동으로 되돌아간다면 이는 정상이 아니다. 아이들은 끊임없이 성장하고 변화한다. 그 과정은 목표를 향해 가도록 되어 있다. 목표로 가지 않고 출발점으로 되돌아온다거나 궤도를 이탈한다면 이는 무언가 문제가 있는 것이다. 정상적인 아동은 일상생활에서 다른 사람들과

원만한 관계를 유지하며, 특이한 행동을 하지 않을 뿐만 아니라, 올바른 방향
으로 성장과 변화를 지속할 것이다.

발달적 기준은 그 연령에 맞는 발달단계에 따라 발달이 이루어졌는가, 아
닌가에 따라 정상과 이상을 판단하려는 것이다. 발달적 기준에 따르면 같은
행동이라도 어떤 연령의 유아에게는 정상이지만 다른 연령에서는 이상일 수
있다. 예를 들어, 한 살 된 아이의 손가락 빠는 행동은 정상이지만 여섯 살 된
유아의 손가락 빠는 행동은 이상이라 할 수 있다. 그러나 유아의 발달은 개인
차가 커서 동일한 연령 내에서도 발달속도에 차이가 있다는 것을 충분히 고
려해서 판단해야 한다.

이외에도 사회문화적 기준이나 의학적 기준을 가지고 판단할 수도 있다.
사회문화적 기준에서는 규범이나 관습에 크게 벗어나 용인될 수 없는 행동을
이상이라고 간주한다. 이는 유아의 성장에 대해 가지고 있는 많은 기대나 이
상(ideal), 바람직한 것으로부터 생긴 가치 기준에 비추어 정상과 이상을 판단
하는 것이다. 이 기준은 개인의 사회적인 적응성과 관련이 있으며, 이 기준에
맞는 개인은 한 사회의 정상적인 구성원으로 받아들여질 수 있는 가능성이
많은 사람이다. 그러나 이 기준은 사회 문화적인 차이에 영향을 많이 받는다.
예를 들어, 미국의 경우 무슨 일이건 잘 나서서 행동하는 것을 좋게 보는 반
면에 우리나라에서는 그리 탐탁하지 않은 행동으로 본다. 또한 시대적인 영
향을 많이 받는다. 예를 들어, 동성애에 대한 시각을 들 수 있다. 시대가 바뀜
에 따라 기대나 이상, 바람직한 것에 대한 가치관이 다르거나 바뀌면 기준도
바뀌게 된다.

또한 의학적 기준에서는 심리측정학적 평가나 정신의학적 진단방법에 의
해 판단하는 것을 말한다. 임상심리전문가가 각종 심리검사도구를 사용해서
검사한 결과를 토대로 이상과 정상을 판단하거나, 정신과 의사가 정신과적
면담과 평가를 토대로 이상행동을 판단하므로 전문적이고 객관성이 높은 기

준으로 볼 수 있다. 그러나 이러한 준거를 올바로 사용하기 위해서는 전문적
인 교육과 훈련을 받아야 한다(이영훈, 주연희, 김성수, 2007).

2) 문제행동

(1) 문제행동의 정의

문제행동이라는 용어는 1950년대 초까지 사용된 '사회부적응'과 1950년대
이후의 Freud의 영향을 받아 사용된 '정서장애(emotional handicapped)'라는
용어의 후속 용어로 1960년대 후반에 등장하였다. 문제행동이란 아동의 연
령에 기초한 규범적 행동으로 보기에 부적절한 행동이나 정상적인 적응능력
을 갖추지 못한 것으로 보이는 행동으로써, 일반 부모나 교사의 일상적인 지
도범위를 벗어나 어려움을 야기하는 행동이다. 또한 문제행동이란 지배적인
사회집단에 의해서 인정되지 않는 행동, 특히 개인이나 집단에게 실질적 또
는 잠정적으로, 신체적으로나 정신적·사회적으로 악영향을 주는 것으로 인
정되는 행동이다.

(2) 문제행동의 유형

문제행동의 정의에 대한 다양한 입장과 같이 그 유형 및 원인에 대해서도
개인적인 특성이나 주변의 상황을 환경적 변인에 따라 복합적이고 다양하게
분석하고 있다. 문제행동에 대한 평가기준도 명확하지 않고 같은 행동이라
도 주변의 성인이 어떤 기대를 갖느냐에 따라 유아의 행동이 정상 혹은 벗어
난 행동으로 판단될 수 있기 때문이다. 특히 취학 전 유아의 경우에는 그 문
제의 종류나 정도에 따라 문제행동의 유형이 다양한 형태로 나타난다. 즉 '일
시적이고 경미한 증상'부터 '진단과 치료를 요하는 심각한 증상'에 이르기까
지 다양하다. 유아기의 문제행동은 학령기 및 청소년기 문제행동을 예견할
수 있게 하므로(Dishion, Shaw, Connell, Gardner, Weaver, & Wilson, 2008) 이에

대한 지속적 관심이 요구된다.

① 외현적 문제행동

외현적인 문제행동이란 사회 및 정서 발달상에 나타나는 역기능, 즉 갈등이 밖으로 표출되는 행동(공격성, 과잉행동, 거짓말, 도박, 다른 사람을 못살게 구는 등) 등의 행동적 문제행동을 말한다. 이것은 또 다른 측면에서 행위 자체가 문제라고 표현되기도 한다. 여기에는 물리적인 신체 움직임(남과 싸우는 행동, 공격적인 행동, 물건을 붓는 행동, 주의력 결핍, 조절능력 부족 등)과 언어행동(부정적인 정서 표출, 남을 속이거나 고자질, 거짓말 하는 행동, 욕하는 행동 등)과 같이 직접적으로 표현하는 행동이 포함된다. 이러한 행동은 일반 아동에게서도 흔히 볼 수 있는 행동이지만, 행동이 지나치게 충동적으로 일어나거나 자주 발생하면 문제로 여겨져야 한다(위키백과, 2002).

 외현적 문제행동

- 사물이나 사람을 향한 공격적 양상을 반복적으로 보인다.
- 과도하게 언쟁한다.
- 신체적이거나 언어적인 방법으로 다른 사람의 복종을 강요한다.
- 합리적 요청에 응하지 않는다.
- 지속적인 성질부리기의 양상을 보인다.
- 지속적인 거짓말 또는 도벽의 양상을 보인다.
- 자기-조절력의 결여 및 지나친 행동을 자주 보인다.
- 만족할만한 인간관계를 개발하고 유지하는 데 방해가 될 정도로 다른 사람이나 교사 또는 물리적 환경을 방해하는 기타 특정 행동을 보인다.

② 내재적 문제행동

내재적 문제행동은 위축된 모습, 사회적 미성숙 등을 특징으로 한다. 이는 또한 행위의 결핍으로 인한 문제행동이라고 불리기도 하는데, 여기에는 적합한 행동이 나오지 않아서 문제가 되는 행동(친구와 어울리지 못하기, 수줍음, 불안함, 위축된 행동 등)이 해당된다. 이는 아동기의 발달에 심각할 정도의 영향을 끼치며, 성인이 되어서도 정신 건강 측면에서 예후가 좋지 않을 경우가 많다. 발달 특성 중에서도 만족스러운 인간관계의 발달에 어려움을 보이기 때문에 사회적으로 고립되기도 하고 함께 놀이 상대를 할 친구가 거의 없기 때문에 중요한 사회적 기술의 측면을 충족시키지 못하기도 한다.

이러한 내재적 행동문제는 수업이나 또래의 활동을 방해하지 않는 등, 외현적 행동문제와는 다르게 잘 드러나지 않기 때문에 발견이 안 되는 경우가 많다는 것을 교사들은 항상 기억해야 한다. 내재적 행동문제를 보이는 아동을 조기에 발견하여 알맞은 서비스를 제공하기 위해서는 교사의 주의 깊은 관찰과 관심이 필수적이다(위키백과, 2002).

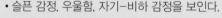

내재적 문제행동

• 슬픈 감정, 우울함, 자기-비하 감정을 보인다.
• 환청이나 환각을 경험한다.
• 특정 생각이나 의견이나 상황에서 벗어나지 못한다.
• 반복적이고 쓸모없는 행동에서 벗어나지 못한다.
• 갑자기 울거나, 자주 울거나, 특정 상황에서 전혀 예측하지 못한 비전형적인 감정을 보인다.
• 공포나 불안의 결과로 심각한 두통이나 기타 신체적인 문제(복통, 메스꺼움, 현기증, 구토)를 보인다.
• 자살에 대하여 말한다: 자살 생각을 이야기하고 죽음에 대하여 몰두한다.
• 이전에 흥미를 보였던 활동에 대한 관심이 줄어든다.

- 과도하게 놀림을 당하거나, 언어적으로나 신체적으로 학대를 당하거나, 또래들에 의하여 무시되거나 기피된다.
- 활동 수준이 심각하게 제한된다.
- 신체적·정서적 또는 성적 학대의 증후를 보인다.
- 만족할만한 개인적인 관계 형성 및 유지에 방해가 될 정도의 위축, 사회적 상호작용 회피 또는 개인적인 돌봄의 결여와 같은 기타 특정 행동을 보인다.

(3) 문제행동의 원인

아동이 그 행동을 하거나 지속적으로 행동하게 되는 원인을 행동의 기능 (function)면에서 찾아보면 이는 크게 획득, 회피, 감각자극 중심, 고통 경감 의 네 가지 범주로 나뉠 수 있다(권정윤, 안혜준, 송승민, 권희경, 2013). 기능면 에서의 고찰이란 침 뱉기, 장난감 망가뜨리기 등의 외적 행동 형태(form)만을 가지고 문제시하기보다는 그 행동 속에 담긴 아동의 욕구나 의도를 살펴보며 문제행동을 판단하고자 하는 의미를 담고 있다. 특히 영유아의 문제행동은 보여지는 행동에만 초점을 맞추기보다는 내면의 의도를 면밀히 살펴보려는 세심한 자세가 요구된다.

전자의 두 가지, 획득과 회피는 다른 사람의 행동과 관계된 사회적 동기를 가진 행동이며, 후자의 두 가지, 감각자극 중심, 고통 경감은 다른 사람과 관계가 없는 비사회적 동기를 가진 행동을 말한다.

첫째, 획득은 주변 사람들의 관심 끌기 및 접근 범주의 행동으로서, 개인이 원하는 것을 얻기 위해 발생한다. 이는 주변 사람들의 관심을 끌기 위한 행동, 사물이나 활동 또는 사람에의 접근 행동을 의미한다. 진호가 교구를 바닥에 던지는 행동을 할 때마다 교사의 주의를 받게 되는 일이나, 희준이가 자신이 싫어하는 음식을 뱉는 행동을 해서 엄마가 그 음식을 치우게 되는 경우가 이러한 행동의 예다.

둘째, 회피 또는 도피 범주의 행동은 아동이 싫어하는 것을 피하려고 할 때 발생한다. 진호는 이야기 나누기 시간에 희진이를 꼬집어서 타임아웃을 받게 되어 교실 구석에 있는 '생각하는 의자'에 앉아 있게 되었다. 다음날 이야기 나누기 시간에 진호는 다시 다른 남자아이를 꼬집어서 타임아웃을 받게 되었고 이야기 나누기에 참여하지 않아도 되었다. 진호는 이야기 나누기 시간이 지루하고 재미없어서 피하려는 목적으로 옆 친구를 꼬집어서 타임아웃을 받음으로써 자연스럽게 원하지 않는 활동으로부터 피할 수 있었다.

셋째, 감각자극 중심 범주의 행동은 아동 자신의 내적인 자극을 얻으려고 하거나 즐거움을 느끼기 위해서 행해진다. 동화를 들으면서 몸을 앞뒤로 흔드는 행동은 몸을 흔드는 것이 좋아서 하는 행동일 수 있다.

넷째, 고통 경감 범주의 행동은 고통을 피하려는 목적을 가지고 하는 행위이다. 이는 의학적인 중재가 필요한 경우가 많다. 아동이 귀가 아파서 손바닥으로 귀를 치고 있다면 이 경우의 아동은 다른 사람의 반응이나 행동이 없어도 이러한 행동을 지속할 수 있다. 고통 경감의 행동은 위에 제시한 다른 세 가지 기능의 행동보다 자주 발생하진 않는다(권정윤 외, 2014).

한편, 취학 전 유아는 인간의 전 생애 중에서 매우 특별한 변화가 일어나는 결정적 시기에 놓여 있다. 이 시기에는 주 양육자에게서 심리적 안전감을 느끼고 의존하고자 하는 욕구를 유지하면서도 스스로 하고자 하는 자율성을 획득하며 독립적인 성향이 강해지게 된다. 이러한 독립성과 의존성 사이의 갈등으로 인해 유아는 충동적이고 감정의 변화가 심해지며, 자신이 의도한 바가 이루어지지 않을 때에는 강하게 표출하는 등의 문제행동을 나타내게 된다(최영희, 홍종원, 배경란, 2018).

4. 아동의 행동유형

아동의 행동에는 여러 가지 유형이 있다. 긍정적이고 바람직한 행동유형이 있을 수 있고 한편으론 싸움이 잦거나 물건을 던지는 등의 부정적 행동이 나타날 수 있다. 행동관련 문제는 소아청소년정신과 영역에서 가장 흔히 진단되는 질환 중 하나이며, 싸움이 잦고 거짓말을 하거나 물건을 부수고, 사회적 규칙을 어기는 등의 행동문제는 상담실에 의뢰되는 아동이 가장 많이 보이는 어려움 중의 하나이기도 하다. 임상적 측면에서 행동장애는 표면적으로 나타나기 때문에 일상생활 속에서 아동을 돌보아야 하는 부모나 교사에게 많은 어려움을 주고 있어 다른 장애보다 더 많은 관심을 받아 온 편이다(최영희, 김영희, 심희옥, 심미경, 2009).

이 책에서는 영유아에게서 자주 나타나는 긍정적 측면의 '친사회적 행동'과 부정적 측면의 '주의산만 및 과잉행동'과 '공격적·반사회적 행동'을 살펴보고자 한다. 친사회적 행동은 '긍정적 행동(positive behavior)'이라 명명될 만큼(임정희, 2020) 대표적으로 긍정적 측면을 보이는 행동이다. 한편, 부정적 행동유형에서 또래 친구에게 공격적 행동(aggression toward peers)을 하거나 행동이 과다하고 행동조절이 잘 되지 않는(high activity level and poor regulation impulses) 이 두 가지 행동관련 문제는 취학 전 유아에게 나타나는 가장 전형적인 문제행동이다(Campbell, Shaw, & Gilliom, 2000).

1) 친사회적 행동

(1) 행동 특성

친사회적 행동(Prosocial behavior)이란 타인을 이롭게 하는 행동을 뜻하며(Eisenberg, 1982), 나눠 주기, 도와주기, 협동하기, 이타성, 관용, 친절 그리고 동정심 표현하기 등의 행동을 포함한다. 이러한 아동은 타인과의 집단생활을 즐기며, 집단 내의 규칙을 잘 지키고, 친구를 쉽게 잘 사귀며, 동정적, 협동적, 타협적이다. 수줍어하고, 친구가 적고 배타적이며 비사회적인 성격과는 대조되는 특성이라 말할 수 있다.

친사회적 행동은 좀 더 정확하고 세밀한 의미로 '이타행동'이라는 용어로도 사용된다. '돕는 사람의 우선적 관심이 보상보다는 다른 사람에 대하여 긍정적인 결과를 제공하기 위한 것일 때 이타적인 행동이다.'라고 정의되며, 친사회적 행동을 수행하는 사람의 동기와 의도를 강조하고 있는 입장이다. 반면에, 행동적 요소를 강조하는 입장에서는 사람의 의도나 동기를 추론하는 데는 많은 문제점이 있다고 보고, 돕는 사람의 동기와는 관계없이 다른 사람을 위해 행해지는 원조, 이익, 혹은 제공 등을 이타행동으로 간주하고 있다. 그러나 최근의 연구들은 이 두 가지 요소를 모두 포함하여 친사회적 행동이라 정의한다. 친사회적 행동이 습득되었느냐에 따라 사회성의 여부가 결정되어진다고 볼 수 있으므로, 유아기부터 그에 따른 행동을 습득할 수 있도록 해야 한다.

(2) 행동지도

유아의 친사회적 행동을 증진시키기 위한 교사역할을 살펴보면 다음과 같다(김성원, 박영신, 석은조, 오성숙, 최효정, 2017).

첫째, 친사회적 분위기의 물리적 환경을 제공한다.
- 유아가 쉽게 다가가 활동할 수 있도록 흥미 영역을 배치한다.
- 갈등 없이 활동하기에 충분한 수의 교재 · 교구를 마련한다.
- 유아들이 활동에 깊이 몰입할 수 있도록 충분한 시간을 계획한다.
- 자기조절이 가능하도록 흥미 영역을 구성하고 학습자료를 비치한다.
- 교사가 돕기 행동의 모델링 역할을 한다.

둘째, 친사회적 행동을 돕는 교육활동이나 프로그램을 적용한다.

영유아에게 자연스러운 놀이활동의 기회뿐만 아니라 협동, 나누기, 양보하기, 타인이해를 경험할 수 있는 교육활동을 의도적으로 체공해야 한다. 대표적인 활동은 협동게임, 공동작업, 토의, 극놀이 등이다. 유아가 친사회적 행동을 하기 위해서는 다른 사람에게 친사회적 행동을 실천하여 할 상황을 자각하고 의식할 수 있는 최소한의 조망능력이 필요한데(정철순, 2020), 이러한 활동들은 유아의 유아 탈중심적 사고를 통해 조망능력이 신장되도록 도울 수 있다.

셋째, 친사회적 행동 학습을 위하여 긍정적으로 강화한다.

평소 문제행동을 보인 유아라도 친사회적 행동의 언어적·비언어적 실마리를 찾아 강화한다. 특히 잘못된 행동이 강화되지 않도록 그런 행동이 그친 후에만 눈맞춤이나 언어적 상호작용을 통한 강화가 이뤄지도록 주의한다.

넷째, 친사회적 행동지도과정에서 가족이 참여하도록 촉진한다.

- 가족의 참여를 통해 지속적이고 양방적인 행동지도가 이루어지도록 해야 한다.
- 친사회적 행동지도에 관한 부모모임이나 교육을 구체적으로 실행한다.
- 가정에서 읽을 수 있도록 친사회적 행동의 주제가 담긴 동화책을 대여하여 준다.

2) 주의산만 및 과잉행동(ADHD)

(1) 행동 특성

주의 집중 시간이 짧고 항상 끊임없이 움직이며, 물건을 떨어뜨리거나 깨뜨리는 부주의한 행동을 하고 놀이를 할 때에도 너무 산만해서 주의를 듣는 유아가 있다. 이렇게 산만한 유아는 다른 아이들에 비해서 움직임이 많고 행동이 커서 늘 눈에 많이 띄고, 하루 종일 부산스럽게 돌아다닌다. 놀 때에도 한 가지 장난감을 요모조모 살펴보고 생각하면서 일정 시간 놀이를 하는 것이 아니라 만졌다가 획 던져 버리고, 또 다른 장난감을 찾고, 금방 싫증내기를 반복한다. 특히 만 3세 전의 어린 자녀를 키우는 부모들은 모처럼 외식이라도 하게 되면 식당에서 자녀의 산만한 행동으로 인해 어려움을 겪게 된다. 만 3세 전의 아이들은 새로운 장소에 가면 호기심이 더 왕성해지기 때문에 이곳저곳 둘러보고, 걸어 다니고, 심지어는 뛰기까지 한다(원광아동상담센터, 2015).

이런 류의 부주의하고 과한 행동이 어쩌다가 한 번씩 보인다면 이는 지극히 정상적인 범주의 산만함이라고 할 수 있다(오은영, 2016). 아이들의 뇌는 전정감각 활동이 재미있다고 느껴지면 그것을 계획하도록 프로그램되어 있다. 아이들이 몸을 많이 움직이며 놀고 싶어 하는 것은 어느 정도 당연한 모습이다(원광아동상담센터, 2015). 이런 모습이 쉴 때나 공부할 때나 가리지 않고 늘 나타나며, 집뿐만 아니라 유아교육기관, 친구나 친척의 집을 방문했을 때에도 보인다면 예사로이 넘길 문제가 아니다.

유아가 언제나, 어디서나, 누구에게든 일관되게 산만한 행동을 한다면 ADHD일 가능성이 매우 높다. 이런 증상은 부모의 지도나 교육, 유아의 노력만으로는 좋아질 수 없다. '아이가 아직 어려서 그렇지, 애들은 다 그래.'라는 식의 낙관적인 생각으로 방치하면 시간이 흐를수록 유아 자신이 받는 스트레스는 커지고 부모와 주변 사람들도 힘들어진다.

(2) 원인

첫째, 주의산만 및 과잉행동(ADHD)은 가정환경보다는 신경 생물학적인 문제에서 기인된다. 이는 과학적으로 증명되고 있다. 따라서 사회적·환경적 요인이나 부모의 양육태도 때문에 생기는 것이 아닌 것으로 보인다. 아이가 커가는 과정에서 부모의 태도나 양육방법, 환경 등은 매우 중요하다. 하지만 이것이 잘못되었다고 ADHD가 생기는 것은 아니라는 사실을 제대로 인지하는 것이 유아와 부모 모두를 위해서 바람직하다. 이런 원인을 바로 알지 못할 때, ADHD 자녀를 둔 부모는 아이의 문제행동을 자신의 탓으로 돌려 스스로는 비난하고 죄책감을 갖게 된다. 그러면서도 아이에게 화를 내고, 지나치게 거칠게 다루면서 상처를 주기도 한다. 하지만 원인을 알게 되면 그 자녀가 일부러 그러는 게 아니라는 사실을 알게 되고 이를 통해 자녀를 좀 더 이해하는 객관적인 마음을 갖게 된다.

둘째, 주의산만 및 과잉행동(ADHD)은 유전적인 문제에서 비롯되었을 수도 있다. 부모 둘 다 또는 한쪽 부모가 아이와 비슷한 문제를 갖고 있을 수 있다. 이런 경우라면 자녀의 문제행동이 부모인 자신을 닮은 것이므로 야단치고 화만 내는 것으로는 해결될 수 없음을 알게 된다(오은영, 2016).

(3) 행동 지도

첫째, 관찰과 기록하기

유아의 행동지도에 앞서 유아의 행동에 대한 세밀한 관찰과 기록을 해야 한다. 즉, ADHD가 의심되는 유아에 대해서는 행동에 대한 세밀한 관찰을 통한 평가가 먼저 이뤄져야 한다. 이에 근거해 행동지도와 부모와의 심도 있는 논의가 가능할 수 있다.

 교실에서 이유 없이 뛰어다니는 유아의 행동 관찰

1) 언제 행동이 (주로) 발생하는가?

☐ 계획된 활동 중에

☐ 자유선택 활동 중에

☐ 정리 시간에

☐ 전이 시간에

2) 행동을 유발하는 것이 무엇인가?

☐ 다른 유아들이 이 유아를 놀이에 끼워 주지 않는다.

☐ 과제를 완성할 수 없다.

☐ 교사가 무언가를 하라고 지시한다.

☐ 유아가 계획된 활동을 싫어한다고 표현한다.

☐ 유아가 도움이나 관심을 요청할 때 교사가 유아에게 주의를 기울이지 않는다.

3) 유아가 행동할 때 무슨 일이 일어나는가?

☐ 성인이 쳐다보는지 둘러본다.

☐ 다른 유아들도 함께 뛰도록 동요한다.

☐ 교실 안의 여러 영역에서 가끔 뛴다.

☐ 교실에서 뛰면서 소음을 만든다.

둘째, 한계 설정하기

규칙을 지키고 예의에 맞게 행동하는 것은 도덕성의 한 측면이기 때문에 3세부터 가르친다는 것은 어려움이 따를 수 있다. 하지만 욕구를 조절하고 지연시키는 연습을 차차 해 나간다는 측면에서 본다면 만 1~3세부터는 집 밖에서의 행동에도 명확한 한계설정을 해 주는 것이 필요하다.

셋째, 올바른 대처 행동 가르치기

아동이 커가면서 자신의 욕구, 감정, 행동 때문에 다른 사람에게 피해를 줄 수 있다는 것을 인지하고, 그에 맞는 대처 행동을 배우는 것은 매우 중요한 과정이다. 이때 교사가 아동의 조절능력에 대한 연령별 특성을 미리 알고, 알맞은 교육방법을 찾아 실천하는 것이 중요하다. 아이들은 걸음마기(만 1~3세)부터 자기욕구를 지연시키고, 그 과정에서 생기는 좌절감, 실망감, 화 등을 조절하는 경험을 하게 된다. 또 자기 마음(욕구, 감정 등)부터 행동까지 조절해 보게 된다. 많은 시행착오를 겪지만 보통 어린이집이나 유치원에 다닐 나이가 되면 자기조절능력은 상당히 자리를 잡는다(원광아동상담센터, 2015).

넷째, 교사와 함께 놀이계획을 세우고 함께 정리하기

한 가지 활동에 집중하지 못하고 지나치게 많은 놀잇감을 늘어뜨려 놓기만 하는 모습을 옆에서 지켜보는 교사는 안타깝고 화가 나기도 한다. 아무리 어린 유아라고 하더라도 뒤따라 다니면서 장난감을 치워 준다든가, 새로운 장난감을 잡았을 때 못하게 막는 것은 좋은 방법이 아니다. 이때는 놀이를 시작하기 전에 유아와 놀이 계획을 세워 보고, 놀고 나서는 정리하는 것을 연습하게 해 주는 것이 좋다. 놀이를 시작하기 전에 유아와 "오늘은 무슨 놀이를 할까? 생각해 보렴."이라고 말해 주어 유아가 생각을 할 수 있게 도와주는 것이 좋다. 그리고 한 가지 놀이를 하다가 금방 다른 것으로 옮겨 갈 때에는 "그 놀이는 충분히 한 거니? 다 했으면 그다음 놀이를 해도 되는데, 그렇지 않으면 한 번 더 생각해 보렴." 정도로 조언을 해 줄 필요가 있다(오은영, 2016).

다섯째, 기대치를 현실적인 수준에 맞추기

문제가 유아의 짧은 주의 집중력에서 기인한 것이라고 판단하기 전에 다음 사항들을 먼저 주의 깊게 고려해 볼 필요가 있다. 유아의 발달수준에 비해 적절치 않은 활동이나 지나치게 오랜 시간 활동이 이루어지지 않았는지를 점검하는 것이다. 유아의 집중 시간은 무엇보다도 유아의 연령과 발달 수준에 기인하기 때문이다. 더욱이 아주 어린 영아는 매우 분주한 존재들이다. 따라서 교사의 기대치는 반드시 현실적인 수준에 맞춰져야 한다. 그들이 한 활동에서 다른 활동으로 자주자주 바꾸거나 이리 저리 이동하는 것은 당연한 일이다. 즉, 어떤 활동에 2~3분 집중하다가 흥미를 잃어버리는 것은 2세 영아에게는 당연한 것이다. 이 유아는 집중력이 부족한 것이 아니고 그들에게 있어서 다른 유아와 비교해 단지 집중 시간이 짧을 뿐이다. 그러므로 영아를 위해서는 매우 짧은 그룹활동과 충분히 많은 선택이 가능할 수 있게 준비된 자유선택활동, 또 변화가 많은 하루 일과로 구성되어야 할 것이다. 연령이 높아짐에 따라 하는 일에 점점 더 오래 집중할 수 있게 되어 5세경 유아는 5~20분을 집중할 수 있게 된다.

여섯째, 유아의 흥미를 충족시키도록 준비하기

유아는 대체로 주의집중 능력이 낮은 편이다. 따라서 유아의 흥미와 관심을 끌 수 있도록 교사가 활동에 대한 준비를 철저히 할 필요가 있다. 어떤 활동은 다른 활동보다 유아의 집중력을 더 많이 이끌어 낼 수 있고 반면, 어떤 활동은 유아의 흥미를 끌지 못해 유아가 활동에 오랫동안 참여하지 않을 수도 있다. 교사가 유아의 집중력을 극대화할 수 있도록 활동을 철저히 준비하고 다양한 활동을 마련해 줌으로써 유아의 흥미와 관심을 유지시킬 수 있다.

일곱째, 부모상담을 통한 의료상담 제안하기

교사의 다양한 교육적 노력에도 불구하고 만일 유아가 ADHD 장애를 가지고 있다고 생각되면 가족에게 의료 상담을 받아 보도록 제안해야 할 수도 있다. 대부분의 남자 유아는 약 3~5%가 ADHD 진단을 받는다. 유아 교사는 이 증상들을 숙지하고 있어야 하는데 이는 ADHD 질환을 가지고 있는 유아를 적절하게 지도하기 위해서다. 유아는 천성적으로 활동적이기 때문에 유아의 정상적인 활동 수준과 ADHD를 구분하는 것은 매우 중요하다. 이 두 가지가 혼돈되어서는 안 된다(Essa, 2011). 다만, ADHD는 종종 과잉 진단받는 경우가 있기에 이를 간과하지 말아야 한다.

3) 공격적 · 반사회적 행동

(1) 행동 특성

아동은 때리기, 발로 차기, 물기, 꼬집기, 레슬링 등의 다양한 방법으로 타인을 상해하는 행동을 한다. 이들이 다양한 방법으로 친구를 공격하고 상해하는 것은 예측이 어려운 경우가 많다. 취학 전 유아의 경우 절제하지 못하고 분노의 감정에 사로잡히거나 급한 성미로 친구에게 심각한 상해를 입히는 등 유아교육기관 내에서 심각한 문제가 발생하기도 한다. 공격을 가한 유아는 자신이 친구를 얼마나 심하게 다치게 했는지 인지하지 못한다(Essa, 2011).

공격적인 행동이 자신이나 친구들에게 상해를 입히기 때문에 시급히 해결해야 할 문제이기는 하나 경우에 따라서는 발달 단계상 나타나는 자연스러운 모습일 수도 있다. 예를 들어, 2세 정도의 어린 유아는 욕구가 제대로 충족되지 못할 때 무는 행동을 보이는데, 이가 날 때의 간지럽고 불편함을 해소하기 위해 자신의 옷이나 물건 등을 씹던 습관이 남게 될 수 있다. 즉, 친구를 무는 것도 이러한 불편함을 감소시키기 위해 잘못 학습된 결과일 수 있다. 그러나 공격적 행동은 자신에게나 주변 친구에게 위험한 결과를 초래하므로 허락될 수 없는 행동이다.

(2) 원인

첫째, 공격적 행동이 나타나는 것은 주로 아동이 좌절을 경험할 때이다. 좌절은 어떤 목표 지향적 행동을 할 때 방해를 받는 것을 말하며 많은 아이는 이럴 때 공격적 행동을 나타낸다. 하지만 아동의 기질이나 성격에 따라 좌절이 반드시 공격적 행동을 유발하지는 않는다.

둘째, 공격적 행동이 학습되어 나타난다. 공격적 행동의 학습은 유아가 신체적 체벌을 직간접적으로 경험했을 때 주로 발생한다. 예로, 다른 친구를 때리지 않도록 훈육하는 과정에서 부모가 아이에게 체벌을 가한다면 단기적으로는 공격적 행동이 억제된 것처럼 보이지만 장기적으로는 공격적 행동이 다른 행동을 통제할 수 있다는 모델을 제공해 준다. 부모로부터의 체벌경험이 많을수록 공격성에 부적적인 영향을 끼친다는 연구결과(정혜순, 2010)도 제시되고 있다. 또 다른 예로, 만약 교사가 교실 내에서 공격적인 문제행동을 보이는 유아에게 소리치고 체벌을 가하는 모습을 보인다면, 교실 내의 다른 유아들이 무의식중에 공격적으로 상호작용하는 법을 학습하게 된다(조윤경, 김정혜, 2014).

나도 모르게 따라하는 행동 이해하기

https://jisike.ebs.co.kr/jisike/index

ㄴ, EBS 홈페이지〉 지식채널 e 〉 사회면〉

나도 모르게 따라하는 행동: 사회 전염(Social Contagion)

셋째, 공격적 행동은 공격성을 대처방법의 하나로 인식할 때 더 많이 발생한다. 공격적 문제행동을 보이는 유아는 실제로도 공격성이 이익을 가져다주는 경우가 종종 발생하기에 공격적 행동은 자신을 이롭게 해 준다고 생각한다. 자신이 원하는 것을 얻고자 공격적 방법을 사용하였을 때 매우 성공적이었던 경험이 많아지면서 유아는 자주 공격적 방법을 활용하게 된다.

넷째, 공격적으로 행동하는 아동은 도덕적인 이해가 더딜 수도 있다. 공격적인 반응이 문제가 되는 행동이라고 생각하지 못하거나 도덕적으로 용인될 수 있다고 생각하기 쉬우며 그런 행동이 남을 해치거나 상처 주지 않는다고 생각한다. 이때 유아에게 공격적 행동을 올바르지 않은 것으로 반응하는 주위 환경이 주어진다면 유아의 문제행동을 해결할 수 있는 기회를 얻게 된다.

다섯째, 사회인지 결함이 공격적 행동의 한 원인으로 지적되고 있다. 다른 사람의 의도를 잘못 해석하여 자신을 공격하는 것으로 오해하여 타인을 공격한다는 것이다. 예를 들어, 사회인지 결함이 있는 유아는 놀이 시간에 자신이 놀이하고 있는 놀잇감을 또래가 가리키며 '같이 놀자'라고 이야기할 때, 또래와 함께 놀이하고 싶은 마음을 이해하지 못하고 자신의 놀잇감을 빼앗으려 한다고 생각하여 또래를 밀어버리거나 화를 내는 공격성을 보이게 된다(조윤경, 김정혜, 2014)

(3) 행동 지도

첫째, 유아의 공격적 행동이 어떤 상황과 조건에서 일어나는지 발견하기

유아의 공격적 행동에 대한 관찰이 먼저 이뤄져야 한다. 관찰항목을 통해 교사는 유아가 언제, 왜 공격적 행동을 하는지에 대한 간단한 정보를 얻을 수 있다. 자신을 방어하기 위해 때리는 경우와 좌절감 때문에 무는 유아, 원하는 것을 얻기 위해 친구를 미는 유아에 대해 교사는 서로 다른 방법으로 접근해야 한다. 교사의 세심한 관찰만으로도 유아의 공격적 행동의 원인을 찾아 문제를 줄여 나갈 수 있다(이영훈 외, 2007).

 공격적 행동이 얼마나 오랫동안 지속되어 온 심각한 문제인지 파악하기 위한 관찰 항목

① 공격적 행동 이외에 다른 문제행동(울기, 물건 던지기 등)이 함께 일어나는가?
② 공격하기 전에 행동을 예측할 수 있는가?
③ 공격적 행동이 얼마나 지속되었는가?
④ 공격적 행동의 강도는 어느 정도인가?(친구에게 상처를 입히는가?)
⑤ 공격적 행동이 주로 나타나는 시간은 언제인가?
⑥ 누구에게 주로 공격적 행동을 하는가?
⑦ 공격적 행동 후에 유아의 반응은 어떠한가?
⑧ 공격적 행동 후 교사의 반응은 어떠했는가?
⑨ 공격적 행동 외에 바람직한 행동을 할 때 교사의 반응은 어떠했는가?

출처: 이영훈 외(2007).

둘째, 신속하게 대처하기

공격적 행동은 상대방은 물론 본인에게도 상해를 입힐 수 있는 위험한 행동에 속하므로, 가능한 한 신속하게 대처하고 지도하여 재발을 방지해야 한다. 더욱이 한 유아가 공격적인 유아에 의해 지속적으로 희생을 당하고 있다

고 생각된다면 두 유아를 분리하는 것도 한 방법이 된다. 가능하다면 둘 중 하나를 다른 교실로 분리시키고 가능하지 않다면 두 유아에게 각각의 다른 영역에서 다른 활동에 참여하도록 권하는 것이 좋다(이순형, 김유미, 김은영, 김진경, 김태연, 서주현, 안혜령, 2013).

셋째, 먼저 감정 읽어 주기

대부분의 공격성은 원인이 다양하여도 결국 자신의 욕구 좌절로 인한 좌절 감 및 패배감, 무력감, 축적된 적대감 등으로 귀결된다. 따라서 각 상황에 맞 추어 유아의 좌절된 감정을 이해해 주고 공감해 주는 과정이 필수적으로 포 함되어야 한다.

넷째, 공격적인 행동을 유발하는 환경 개선하기

공격적 행동이 특정 활동이나 특정 시간에 발생한다면, 반복되는 일상 계 획을 바꾸는 시도를 해 볼 필요가 있다. 유아는 종종 밀집되거나, 기다리거 나, 활동을 멈춰야 할 때 부정적으로 반응한다. 이러한 상황이 공격성을 유발 할 수 있다. 밀집 상황을 피하기 위해 몇 명씩만 일어나서 가고 나머지는 기 다리며 노래를 부르거나 손유희를 하는 시간을 가질 수 있다. 또한 수업활동 은 기다리는 시간을 최소화하도록 구성하고(Essa, 2011), 교실의 교구도 충분 히 준비해 주는 것이 좋다. 유아기에는 대물 다툼 상황에서 공격성이 나타나 는 경우가 많으므로, 넉넉한 수의 교구를 제공할 필요가 있으며, 충분한 개인 공간을 확보해 주는 등 환경을 정비하여 공격적인 행동이 나타나는 것을 미 연에 방지하는 것이 좋다.

다섯째, 공격성이 아닌 수용 가능한 방식의 다른 대안 찾기

욕구 좌절 상황에 표출되는 아동의 공격성을 수용 가능한 다른 방식, 즉 언 어로 적절히 표현할 수 있는 방법이나 상황극으로 연습해 보고 축적된 감정

을 해소할 수 있는 신체놀이 및 가상놀이 등을 통해 긍정적인 방식으로 감정을 표출할 수 있게 도와야 한다(이순형 외, 2013). 교사는 문제해결을 위해 문제를 정확히 진단하고 다양한 관점에서 문제를 이해하며 대안을 찾아야 한다(이영훈 외, 2007).

여섯째, 부모와의 상담을 통하여 함께 대처해 나가기

부모 및 주 양육자와의 면담은 문제행동에 대한 지원계획 수립에 중요한 단계이다(이영훈 외, 2007). 유아의 부모와 대화하면서 유아의 삶과 행동에 영향을 미치는 가정환경을 알아보고 그 가족환경이 변화 가능하도록 접근해 볼 필요가 있다.

제5장

아동행동 평가 및 검사

아동의 행동을 평가하고 진단하는 것은 매우 의미 있는 일이다. 아동은 성인과 달리 여러 가지 뚜렷한 행동 발달적 특성을 보인다. 특히 아동을 양육하고 교육을 담당하는 부모나 교사는 아동의 행동을 평가함으로써 각 발달 단계마다 나타내는 뚜렷한 아동의 발달적 특성 및 변화 양상을 정확하게 이해할 수 있게 되므로 아동행동 평가는 매우 큰 의미를 갖는다.

1. 아동행동 평가의 목적

양질의 보육 및 교육서비스를 제공하기 위해서는 아동행동평가가 체계적·지속적으로 이루어져야 한다. 아동행동 평가의 구체적인 목적은 다음과 같다(문혁준, 서소정, 이주연, 정지나, 하지영, 김민희, 2013).

첫째, 아동의 영역별 발달 상황을 기술하고 연령 규준에 맞게 발달하고 있는지 등 아동의 전인적 성장 및 발달에 기여하고자 한다.

둘째, 아동의 보육 및 교육을 담당하고 있는 교사는 이들과의 상호작용, 학급운영 전반에 관한 지속적인 피드백을 받음으로써 더 나은 교수를 위한 정보를 제공받고자 한다.

셋째, 부모에게 지속적으로 자녀의 행동발달 수준 및 변화를 보고함으로써 자녀에 대한 부모의 이해를 증진시키고자 한다.

넷째, 학령 전 아동의 보육 및 교육을 담당하고 있는 기관에서는 각 기관이 정하고 있는 보육 또는 교육목표가 제대로 달성되고 있는지를 파악하고자 한다.

2. 아동검사의 개념

검사(test)는 아동의 행동 및 발달을 과학적이고 객관적인 방법으로 파악하기 위한 측정방법이다. 특히 아동을 대상으로 한 검사는 아동의 발달적 특성이나 능력과 성향, 가치, 태도 등의 심리적 특성을 파악하기 위하여 검사 문항에 대한 아동의 반응을 관찰하고 기록하여 평가하는 과정을 거친다. 즉, 아동 검사는 아동의 행동특성과 발달 및 성장과 향상을 측정하고 평가하는 과정이다. 검사를 통해 아동의 행동이나 발달 특성을 측정하는 것은 아동 개인이나 집단의 특성을 정확하게 평가하고 기술하는 데 그 목적이 있다(안선희 외, 2015).

아동검사는 과학적이고, 객관적이고, 구체적이고 종합적인 자료에 의거하여 이해되어져야 한다. 단순히 교사 개인의 주관적 판단에 의한다든지 다른 한두 사람의 정보에 의하여 한 아동을 판단할 때에는 위험이 따른다(최지영, 2010). 따라서 관찰 이외에도 면밀한 검사가 요구되기도 한다.

한편, 아동을 대상으로 한 검사는 아동의 성향, 가치 및 태도와 같은 심리적 특성을 파악하기 위한 평가과정이기에 아동검사를 '심리검사'라는 용어로 사용하곤 한다. 심리검사란 '개인의 인지적·정의적·행동적·사회적 특성을 객관적으로 측정하기 위해 사용되는 방법'이며, 표준화된 측정과 평가가 강조된다. 심리검사는 개인차의 이해, 선발, 분류, 배치, 진단, 평가, 검증의 기능이 있어 학교, 심리상담실, 병원 등에서 다양하게 활용되고 있지만 특히 아동을 대상으로 한 심리검사는 다음과 같은 기능을 갖는다.

첫째, 개인차를 이해하는 데 도움을 준다.

심리검사를 통해 각 개인의 특성을 이해할 수 있다. 특히 개인 간 차이를 파악할 수 있을 뿐만 아니라 개인 내에서의 서로 다른 차이를 파악함으로써 개인의 특성을 더 잘 이해할 수 있게 된다.

둘째, 장래의 성패를 예측할 수 있다.

현재의 검사결과에 근거할 때 미래에 그 검사와 관련된 과업에서의 성패를 예측할 수 있으며, 이를 위해 부족한 영역에 대한 교육적 조치 등을 사전에 제공해 줄 수 있게 된다.

셋째, 분류, 선발, 배치의 준거가 된다.

분류(classification)는 심리검사를 통해 아동을 어떤 기준에 의해 여러 범주 중 하나의 집단에 할당하는 것이고, 선발(selection)은 하나 혹은 여러 개의 검사결과에 근거하여 특정한 조직이나 집단에 가장 적합한 대상을 선정하는 것이며, 배치(placement)는 개인의 적성과 흥미를 파악하여 집단이나 조직 내 가장 적절한 곳에 배치하는 것으로 이때 심리검사 결과가 중요한 기준으로 활용될 수 있다.

넷째, 진단의 기능을 갖는다.

심리검사는 검사대상자의 행동적 특성을 분류하거나 명명하는 데 그치지

않고, 문제의 증상과 원인을 종합적으로 판단하며 더 나아가 행동상의 문제
나 결핍된 능력에 대처할 수 있는 치료 또는 중재프로그램의 방향을 결정하
는데 기여하게 된다.

다섯째, 프로그램 평가의 기능을 갖는다.

심리검사는 교육프로그램 혹은 심리치료의 효과를 확인하게 하고, 그 결과
에 따라 프로그램의 지속 여부를 결정하는 데 도움을 줄 수 있다.

여섯째, 연구의 검증 기능을 갖는다.

심리검사는 특히 사회과학연구에서 연구문제에 대한 답을 얻거나 연구가
설을 검증하기 위한 방법의 하나로서 활용된다(김이영, 김태인, 김현정, 송명숙,
이지민, 한석실, 2015).

3. 아동검사의 유형

아동에 대한 심리검사는 사용목적에 따른 분류(규준참조검사와 준거참조검
사), 측정내용에 따른 분류(인지적 검사와 정의적 검사), 실시방법에 따른 분류
(개인검사와 집단검사) 그리고 표준화 여부에 따른 분류(표준화 검사도구와 연구
자 제작 검사도구)로 나눌 수 있다(김이영 외, 2015). 이 중 심리검사는 '무엇을
측정할 것인가'라고 하는 측정 내용에 따른 분류가 일반적이다(현정환, 2009).
즉, 검사 내용에 따른 분류인 인지적 검사와 정의적 검사로 나누어 활용되는
것이 가장 보편적이라 할 수 있다.

인지적 검사는 지적인 능력을 평가하기 위한 검사이고 정의적 검사는 성격
등의 비인지적 특징을 알아보는 것이다. 이를 더욱 세분화하여 살펴보면, 인지
적 검사는 지능검사, 적성검사, 성취검사, 창의성검사, 진단검사 등이 해당되

고, 정의적 검사는 성격검사, 자아개념검사, 태도검사, 투사법 등이 해당된다 (황해익, 최혜진, 정혜영, 권유선, 2014). 한편, 인지적, 정의적 검사 이외에도 어린 연령의 영유아에게 이뤄지는 발달검사가 중요한 한 검사유형에 해당한다.

교사는 심리검사를 직접적으로 수행하는 검사자는 아니기에 전문적 지식을 갖춰야 할 필요는 없다. 하지만 검사에 관한 전반적 이해는 아동의 행동이해 및 행동지도에 긍정적 영향을 미치게 된다.

1) 인지적 검사: 지능검사

지능검사는 아동의 인지적 능력을 측정하는 검사로서 검사내용과 절차가 일정하게 구조화되어 있는 대표적인 객관적 검사에 해당한다. 지능검사는 심리검사 가운데 가장 그 종류가 많으며, 동시에 다른 심리검사에 비해 객관성이 높다. 지능에 대한 정의는 연구자에 따라 조금씩 다르지만, 대개는 추상적 사고력, 새로운 장면의 적응력, 학습능력 등 보다 포괄적인 개념으로 정의하고 있다.

지능검사 도구를 처음으로 소개한 사람은 프랑스의 Binet이다. 그는 프랑스 정부의 교육 당국으로부터 아동의 능력을 감별할 수 있는 방법에 대해 연구할 것을 요청받아 1905년에 Simon과 협력하여 세계 최초의 지능 검사 도구인 비네−시몬 지능 검사도구(Binet-Simon scale of intelligence)를 개발하였다. 이 지능 검사도구는 세계로 널리 보급되어 사용되었고, 이후에 다른 다양한 지능 검사도구가 생겨나고 활용되게 되었다(현정환, 2009). 특히 K-ABC, K-WPPSI, K-WISC 등이 널리 사용되고 있다.

표 5-1   아동 지능검사

분류	검사명	저자, 제작년도	대상	출판사
지능 검사	K-ABC	문수백, 변창진(1997)	2세 6개월~12세 5개월	인싸이트
	K-WPPSI-IV	박혜원, 이경옥, 안동현 (2015)	2세 6개월~7세 7개월	인싸이트
	K-WISC-V	곽금주, 장승민(2019)	6세~16세 11개월	인싸이트

출처: 황해익 외(2014), p. 145.

(1) K-WPPSI(Korean Wechsler Preschool and Primary Scale of Intelligence): 한국 유아용 웩슬러 지능검사

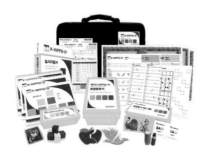

K-WPPSI는 한국의 만 3세에서 7세 3개월까지 유아의 지능을 측정하기 위한 지능검사도구이다. 이 검사도구는 미국의 Wechsler에 의해 개발된 WPPSI-R 도구를 한국 유아에게 적용 가능할 수 있도록 예비연구와 표준화 연구를 진행하여 번안, 수정, 보완한 것으로써, 유아의 교육, 치료, 연구 등과 함께 특별한 교육이 필요한 영재아나 지체아를 발견하는 데 사용된다. 최근에는 2세 6개월~7세 7개월까지의 유아를 대상으로 박혜원, 이경옥, 안동현(2015)이 개발한 K-WPPSI-IV가 사용되고 있으며 이는 '만 2세 6개월 ~3세 11개월'과 '만 4세~7세 7개월'의 두 연령군으로 나누어 서로 다른 소검사를 실시한다.

K-WPPSI는 크게 '동작성 검사'와 '언어성 검사' 두 가지로 나뉜다. 또한 동작성 소검사 5가지(모양 맞추기, 도형, 토막짜기, 미로, 빠진 곳 찾기), 언어성 소검사 5가지(상식, 이해, 산수, 어휘, 공통성) 총 10개의 하위 소검사로 구성되어 있다(황해익 외, 2016). 각 검사의 하위 검사 문항과 문항별 측정 내용은 〈표 5-2〉와 같다.

| 표 5-2 | K-WPPSI의 하위 검사와 측정 내용 |

	하위검사(문항 수)	측정내용
언어성 검사	상식(27)	일상생활에서의 사건이나 물건에 대한 지식
	이해(15)	행동의 원인과 결과에 대한 생각 표현
	산수(23)	기본적인 수개념에 대한 이해
	어휘(25)	제시하는 그림의 이름 맞추기와 구두로 제시된 단어의 뜻 말하기
	공통성(20)	• 제시된 그림과 같은 특징을 가진 것 지적하기 • 구두로 제시되는 개념과 유사한 단어로 문장 완성하기 • 두 단어의 공통점 설명하기
동작성 검사	모양 맞추기(6)	여러 조각의 모양을 제한 시간 내에 맞추기
	도형(16)	• 제시된 그림과 똑같은 그림 찾기 • 제시된 그림 보고 따라 그리기
	토막 짜기(14)	제시된 모양과 같은 모양을 제한 시간 내에 토막으로 구성하기
	미로(11)	미로의 통로를 제한시간 내에 찾아내기
	빠진 곳 찾기(28)	일상적인 물건의 그림에서 빠진 부분 찾기

출처: 김이영 외(2015), p. 71.

K-WPPSI의 지능점수를 구하기 위해서는 먼저 언어성 검사와 동작성 검사 각각 5개 하위 검사의 원점수 합을 구한다. 이 원점수 값을 연령에 따라 환산하여 제시한 환산 값에 맞추어서 전체 지능지수(IQ)를 구하고, 동작성, 언어성 지능 각각에 대해서도 환산 값에 따라 동작성 지능과 언어성 지능지수를 구한다. 전체 지능지수(IQ)는 아동의 인지능력, 즉 전반적인 인지수준 측정을, 또 언어성과 동작성은 아동의 좌뇌와 우뇌의 인지수준 측정을 가능케 한다. 아동의 지능은 90에서 110 사이의 지능지수가 가장 보편적인 것으로 나타나고 있다.

표 5-3 IQ 지수의 해석

IQ 지수	해석
69 이하	정신지체 수준
70~79	경계선 수준
80~89	평균 하 수준
90~109	평균 수준
110~119	평균 상 수준
120~129	우수 수준
130 이상	최우수 수준

출처: 김이영 외(2015).

(2) K-WISC(Korean Wechsler Intelligence Scale): 한국 아동용 웩슬러 지능검사

K-WISC는 미국의 Wechsler에 의해 개발된 WISC를 한국에서 표준화한 만 6세부터 만 16세 11개월까지의 아동을 위한 검사도구이다. 특히 곽금주, 오상우, 김청택의 네 번째 개정판이 널리 사용되고 있다. 이것은 WPPSI와 같이 동작성, 언어성 두 개의 검사로 나뉘는데, 다만 13개의 소검사로 구성되는 차이를 보인다, 이 중 6개 항목은 언어적 능력을 측정하는 언어성 검사이며 7개 항목은 시간, 공간능력을 측정하는 동작성 검사이다(노명숙, 2018).

최근에는 곽금주, 장승민(2019)이 개발한 K-WISC-V 개정판이 사용되고 있다. K-WISC-V는『실시와 채점 지침서』뿐만 아니라,『K-WISC-V 이해와 해석』,『WISC-V 임상적 활용과 해석 지침서』등이 있어 참고자료로 활용할 수 있다.

언어성 검사와 동작성 검사의 차이는 좌뇌와 우뇌를 검사한다는 차이점 이외에 중요한 시사점을 갖는다. 그것은 언어성 검사는 문화의 영향을 많이 받는 반면 동작성 검사는 문화적 영향을 거의 받지 않는다는 것이다. 언어성 검사는 추상적 대상을 처리할 수 있는 능력, 교육을 통해 받은 지식의 정도, 언어적 기억능력, 언어 유창성 등을 측정하고, 동작성 검사는 비언어적 능력,

시지각적 자각과 운동 반응의 통합 능력, 작업 수행 속도, 구체적 상황에서의 작업 능력을 측정한다. 때문에 언어성 검사와 같이 환경적 영향을 받는 지능을 '결정적 지능'이라고 하고, 유전적 영향을 받는 지능을 '유동적 지능'이라고 한다. 이는 교육적 지원과 같은 환경적 영향에 따라 언어성 지능이 더 높아질수도 더 낮아질 수도 있음을 의미하며, 이에 따라 아동의 지능에 미치는 환경의 중요성이 부각될 수 있다.

2) 정의적 검사: 성격검사

성격검사는 정의적 검사 중 하나이며 정의적 영역이 갖는 여러 가지 특성으로 인하여 인지적 영역의 평가도구에 비해 체계적으로 개발된 표준화 도구가 부족하다. 하지만 정의적 특성을 정확하게 이해하는 것은 인지적 특성 못지않게 중요하므로 정의적 특성을 측정할 수 있는 도구의 필요성은 간과될 수 없다(김이영 외, 2015).

(1) K-CAT(Children's Apperception Test): 아동용 주제통각검사

K-CAT(Children's Apperception Test)는 Belak이 3세부터 10세 사이의 아동들에게 실시하기 위하여 제작한 아동용 CAT를 한국의 만 3~10세를 대상으로 적용 가능하도록 개발된 투사적 성격검사이다(최혜순, 2011). 투사적 검사의 특징인 불분명함이나 모호함은 무엇보다 검사를 받는 아동 스스로도 알지 못하는 무의식의 마음을 표현하게 해 준다. 언어를 매개로 하는 객관적 심리진단 검사를 보완해 줄 수 있는 검사가 필요한데, 그것이 바로 투사적 검사(projective test)인 것이다(신민섭 외, 2002).

아동용 주제통각검사는 성인용 주제통각검사(Thematic Apperception Test: TAT)와 달리 동물들을 등장시키고 있는데, 검사도판이 동물들로 구성되어 있어 아동들로 하여금 자기 방어 기제를 덜 사용하게 하면서 자기의 내면세계를 용이하게 투사하게 하는 장점을 갖는다(김이영 외, 2015). 즉, 아동용 주제통각검사는 아동의 성격, 내적 욕구 및 동기, 환경과의 갈등에 대한 정보를 빠른 시간 내에 제공해 줄 수 있다는 장점을 갖고 있다(노명숙, 2018).

검사의 실시방법은 K-CAT의 도판 1부터 차례대로 아동에게 보여 준 후, 이 그림은 어떤 그림인지 설명해 달라고 요청한다. 각 그림에서 어떤 일이 일어날 것이며, 어떻게 느끼고 생각하는지, 이전에는 어떤 일이 일어났는지, 어떤 결과가 일어날 것인지에 대해 아동에게 이야기하도록 하고 검사자는 그 내용을 받아 적는다. 그리고 검사자는 이 내용에 따른 판단을 하게 된다.

아동이 만든 이야기는 곧 자신의 내면세계를 각각의 검사도판에 투사시켜 나타내고 있는 것이기에 아동의 그림에 대한 반응을 통해 그들의 사회적 상호작용, 구체적인 문제에 대한 상태를 알 수 있으며, 공포, 공격성, 애정의 원천이나 대상, 반응기제 등에 대한 단서를 얻을 수 있다(김이영 외, 2015). 그러나 이 검사는 아동의 진술 내용을 타당하게 분석하기가 힘들며 또 이로 인해 검사자로서의 전문적 훈련이 많이 요구된다는 단점이 있다(황해익 외, 2004a)

👩‍🏫 K-CAT 그림자료

• 이야기꾸미기

* 그림을 보고 이야기를 만들어 보세요.

(2) BGT(Bender Gestalt Visual Motor Test): 벤더 게슈탈트 시지각검사

벤더 게슈탈트 시지각검사(Bender Gestalt Visual Motor Test: BGT)는 Bender
가 형태심리학에 입각하여 만든 9개 도형의 시지각-운동 기능에 따른 개인
의 정신병리나 성격특징을 측정하는 검사도구이다. 이 검사의 목적은 시각-
운동 지각의 성숙수준을 평가하고 정서장애를 알아내기 위한 것이며, 현재는
교육과 임상장면에서 성인과 아동을 대상으로 성격, 심리적 과정, 정신장애,
기질적 장애 여부를 진단하는 데 쓰이고 있다(최혜순, 2011).

검사 방법은 도형이 그려진 그림카드 9장을 아동에게 하나씩 보여 준 후
아동에게 그 그림 카드에 그려진 도형을 그대로 그리도록 하는 것이다. 이렇

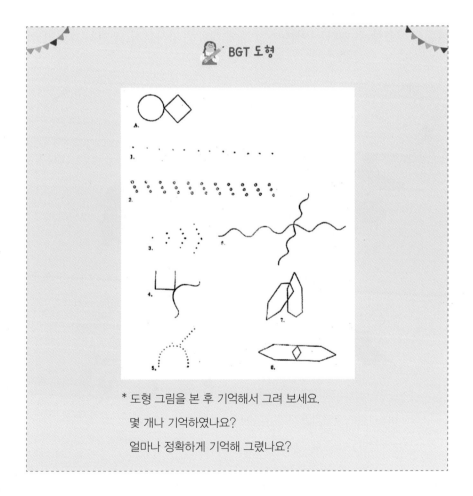

BGT 도형

* 도형 그림을 본 후 기억해서 그려 보세요.

몇 개나 기억하였나요?

얼마나 정확하게 기억해 그렸나요?

게 모사된 도형의 모양, 왜곡 정도, 회전, 통합 여부에 따라 평가가 이뤄진다. 특히 정서적 부적응 아동은 도형 배치의 혼란(도형이 제멋대로 흩어져 있는 경우로 자료를 조직하는 능력의 부족), 파선(점이나 원의 선이 갑자기 변하는 경우로 대체로 안정성의 결여를 반영하고 운동기능의 협응과 인성의 불안정과 관련됨), 가소모사(자극 도형의 크기보다 반 정도 작게 그린 경우로 불안, 위축감, 소심증, 퇴행, 비겁함과 관련됨), 가중모사, 반복 시행, 확산 등의 6개 지표에서 정상아동과 유의미한 차이를 나타낸다(김이영 외, 2015).

(3) 로르샤흐검사

이 검사는 스위스의 Rorschach(1921)가 개인의 지각을 분석하여 그 개인의 행동을 예측할 수 있다는 기본 가정 하에 개발한 검사로서, 우연히 그려진 여

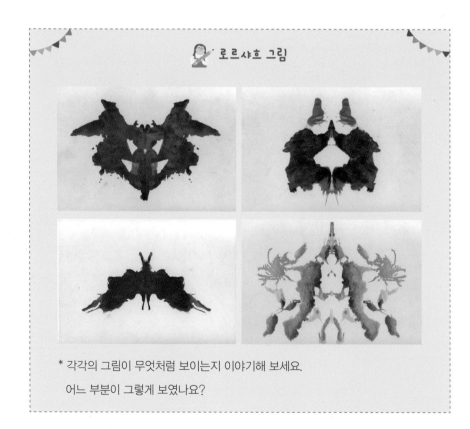

로르샤흐 그림

* 각각의 그림이 무엇처럼 보이는지 이야기해 보세요.
  어느 부분이 그렇게 보였나요?

러 형태의 잉크 자국 그림을 어떻게 지각하느냐에 따라 성격을 파악하는 검사법이다.

검사방법은 먼저 아동에게 잉크 그림이 무엇으로 보이는지를 물어보고, 그 반응내용이나 어느 부분을 보고 그런 생각이 들었는지 그 반응의 영역 등을 상세히 기록한 후 이를 바탕으로 해석을 하게 된다. 이 검사법은 연령과 문화에 상관없이 널리 사용되고 있으며 정신의학, 임상심리학, 문화인류학 등의 분야에서 많이 활용되고 있다(현정환, 2009).

(4) 그림검사

그림검사는 가장 실시하기 간편하고 경제적이며, 개인에 대한 풍부한 정보를 제공해 주는 검사방법이다. 특히 아동에게 있어 그림은 그들이 세상을 어떻게 보고, 느끼고 생각하고 있는지를 나타내 주는 세계 공통적인 언어라 할 수 있다. 논리적인 사고력과 언어적 유창성이 발달하기 이전인 11세 이하의 아동에게 있어 그림은 자신의 내면을 나타내 주는 가장 자연스러운 표현수단이다. 그림에는 말로 표현하지 못하는 느낌과 생각, 공상, 갈등, 걱정 그리고 자신을 둘러싼 세상에 대한 지각이 담겨 있기 때문이다. 성인과 달리 아동은 그림을 그릴 때 비방어적이며 더 자발적으로 다가가므로, 아동 자신의 태도나 소망, 감정, 생각, 관심 등을 보다 투명하게 드러내는 경향이 있다. 이러한 이유로 그림은 아동의 심리적 상태와 특성을 평가하고, 심리적 어려움을 치료하는 데 있어 유용하게 사용되어 왔으며, 이에 대한 방대한 이론적·경험적 연구들이 축적되어 왔다.

Goodenough(1926)는 그림을 심리학적 평가의 도구로 사용한 최초의 학자로서, 그림의 특정한 측면들이 아동의 정신연령과 높은 상관을 보이기 때문에, 충분히 지능 측정의 수단으로 쓰일 수 있다고 생각하였다. 그리고 그림검사가 지능뿐만 아니라 성격 특질까지 드러내 준다고 밝히고 있다.

① HTP(House-Tree-Person Test): 집-나무-사람 그림검사

Buck(1948, 1964)이 개발하고 Hammer(1969)가 발전시킨 것으로, 집, 나무, 사람을 그리도록 지시하고 그려진 그림에 관한 추가 질문을 함으로써 아동을 이해하는 투사적 검사이다(노명숙, 2018).

Buck이 개발하고 있었던 지능검사의 보조적인 수단으로 HTP 그림검사를 고안하였고 이를 지능과 성격 모두를 측정하는 수단으로 체계적으로 발전시켰다. 그는 집, 나무, 사람의 세 가지 주제가 어린 아동에게도 매우 친숙하고 쉽게 그려질 수 있으며 무의식의 활동과 연상작용을 활성화하는 상징성이 풍부한 소재라는 점에서 채택하였다고 설명하였다(백양희, 2014). 이후 Hammer가 HTP 그림을 발달적 측면과 투사적 측면이 모두 포함된 평가도구로 더욱 정교하게 발전시켰다(노명숙, 2018).

집, 나무, 사람 그림에는 가정환경, 자아상, 대인관계, 중요한 타인과의 관계, 의존 욕구를 비롯한 다양한 의식적·무의식적 요구가 반영된다고 가정한다. 또한 그림에 대해 아동에게 질문하는 과정, 즉 언어화 작업(verbalization)을 통해 그림에 대한 보충적이고 충분한 평가가 가능해진다(최혜순, 2011).

실제로 HTP 그림검사는 취학 전 유아에게 접근하기 좋은 검사방법이다. 유아들은 의사소통 능력이 부족하여 원활한 상호작용이 어려운 경우가 많기 때문에 교육현장의 교사는 유아의 문제를 이해하기 위한 수단으로 이 그림검사방법을 활용할 수 있다. 그림을 통해 성격이나 심리적 상태, 대인관계 패턴, 그리고 다양한 감정의 내면세계가 드러나므로 유아의 문제, 혹은 생각이나 관점을 파악하게 된다(최혜순, 2011). 다만, 집-나무-사람의 형태를 그리는 정도의 능력을 갖춘 유아에게 적용 가능하다는 점은 고려해야 할 점이다.

HTP 그림검사 시 검사자는 아동에게 먼저 종이를 제시한 후, "지금부터 그림을 그려 볼 거야. 이것은 잘 그리거나 못 그리는 것을 판단하는 것이 아니기 때문에 부담 갖지 말고 편안한 마음으로 그려 보자."라고 설명한다. 그 후

에 "집(나무, 사람)을 그리세요."라고 말하는데, 이때 아동이 "어떻게 그려요?" 등의 질문을 할 때 그리고 싶은 대로 자유롭게 그리도록 한다(전창민, 김정미, 박성애, 유혜정, 이은주, 2018). "네 마음대로 하면 된다."고 말해 줌으로써 상황의 모호성을 유지하도록 하는 것이 좋다. 검사가 비지시적으로 실시되어야 아동 내면의 갈등이나 소망, 정서, 태도 등이 더 자유롭게 투사될 수 있기 때문이다.

검사자는 아동이 그림을 그리는 동안 혼자 중얼거리는 것과 같은 특정한 행동을 보이면 이를 잘 관찰하고 기록하는 것도 도움이 된다. 아동이 잘 그리지 못하면 옆에서 격려해 줄 수는 있으나, 그리는 것을 도와주어서는 안 된다. HTP 그림검사는 시간제한이 없는 검사이므로, 그림을 여러 번 수정하여 시간을 끌더라도 재촉하거나 서두르지 말되, 너무 지우개를 많이 사용하는 등의 행동은 기록해 둔다.

그림을 다 그린 후에는 집, 나무, 사람과 관련된 언어화 작업, 즉 사후질문과정(PDI)을 통해 아동에 대한 심리적 상태 파악에 도움을 받을 수 있다. 이를 통해 전문가가 아닐지라도 교사나 부모도 간단하게 검사를 수행할 수 있고 해석도 가능하다.

 HTP 그림검사를 실시해 봅시다

집그림의 예

① A4 용지, 연필, 지우개를 아동에게 제시한다.

② 종이를 가로방향(나무와 사람그림은 세로방향)으로 놓고 집을 그리라고 말한다(시간제한 없음).

③ 사후질문을 하고 아동의 대답을 그대로 기록한다.

사후질문 예: '누구의 집인가? 누가 살고 있는가? 이 집의 분위기는 어떠한가? 등

(나무그림의 사후질문 예: 이 나무는 어떤 종류의 나무인가? 나무의 나이는 몇 살인가? 나무가 죽었는가 살았는가? 나무의 소원은 무엇인가? 나중에 이 나무는 어떻게

될 것인가? 등

사람그림의 사후질문 예: 이 사람은 누구인가? 이 사람은 몇 살인가? 이 사람은 무엇을 하고 있는가? 이 사람은 어떤 생각을 하고 있는가? 이 사람의 기분은 어떠한가? 이 사람의 소원이 무엇인가? 나중에 이 사람은 어떻게 될 것인가? 등)

　　HTP 그림검사의 해석은 크게 '인상주의적 해석'과 '구조적 해석'의 두 가지 방법을 통해 이루어진다. 먼저 인상주의적 해석이 이루어진다. 인상주의적 해석이란 말 그대로, 그 그림이 주는 주관적인 인상에 근거하여 아동의 심리적 특성을 해석하는 방법을 말한다. 예를 들어, 검사자는 어떤 그림을 보고 '왠지 불안한 느낌이 든다.' '화가 난 것 같은 무서운 인상을 준다.'와 같은 인상을 얻을 수 있다. 이러한 해석을 잘 하기 위해서는 검사자에게 풍부한 공감능력과 직관력, 예민함이 요구되며 많은 임상적 경험이 필요하다.

　　다음으로 구조적 해석을 한다. 그림에 대한 인상주의적 해석만으로 아동의 심리적 특성 혹은 상태를 정확히 이해할 수 없으며, 또 그래서도 안 된다. 검사 받은 아동을 전체적이고 종합적으로 이해하기 위해서는 반드시 구조적인 해석을 함께 해야 한다. 구조적 해석방법이란 그림의 여러 가지 구조적 요소들, 즉 그림의 크기, 그림을 그려나간 순서, 그림을 종이의 어느 위치에 그렸는가 하는 것과 같은 요소에 근거하여 해석하는 방법이다. 예를 들어, 너무 그림을 크게 그리거나 하는 경우엔 충동조절의 문제가 있다고 해석하는 식이다. 사람그림의 구조적 해석을 통해서는 그 사람이 의식적인 수준에서 가지고 있는 자기개념, 자기표상, 자기에 대해 가지고 있는 태도나 여러 가지 감정이 투사된다. 특히 아동은 인지발달의 수준상 자기중심성이 현저한 상태이기 때문에 부모 또는 친구와 같이 자신에게 중요한 사람이나 자기 자신을 그리는 경우가 많다.

구조적 해석을 위한 13가지 기준

① 그림을 어떻게 그려나갔는가

② 그림의 크기가 적절한가

③ 그림을 종이의 어느 위치에 그렸는가

④ 연필을 얼마나 힘주어 눌러 그렸는가, 즉 필압이 얼마나 강한가

⑤ 선의 질이 어떠한가

⑥ 그림의 세부 특징을 어떻게 묘사하였는가

⑦ 그림을 그리다가 지운 적이 있는가, 무엇을 지웠는가

⑧ 그림의 대칭적인 측면을 강조했는가

⑨ 눈이나 코, 혹은 창문과 같은 그림의 일부분을 왜곡하거나 빠뜨린 것이 있는가

⑩ 척추뼈가 보이게 사람을 그리는 등 투명성이 나타나는가

⑪ 그림의 대상이 움직이고 있는 모습으로 그렸는가

⑫ 종이의 방향을 돌려 가며 그렸는가

⑬ 그리라고 지시한 것 이외의 것을 더 부가해서 그렸는가, 무엇을 더 그렸는가

출처: 신민섭 외(2002).

 그림검사 해석의 예

① **그림의 크기:**

그림을 종이에 꽉 찰 만큼 지나치게 크게 그리거나 때로는 종이 크기가 모자랄 정도로 과도하게 크게 그려 책상까지 선을 긋고 전체를 다 그리지 못할 경우 이는 공격성이나 충동 조절의 문제, 이와 관련된 행동화(acting out)의 가능성을 시사할 수 있다. 이에 반해 종이의 크기에 비해 그림을 지나치게 작게 그리는 경우가 있는데, 이는 피검자 내면에 열등감, 부적절감이 있거나 자신이 없고 자기효능감이 부족함을 나타낼 수 있다.

② 그림의 위치:

그림을 가운데 그리는 것이 가장 흔한 경우인데 그림을 종이의 네 귀퉁이에 몰려서 그리는 것은 일반적으로 위축감, 두려움, 자신 없음과 관련될 수 있다.

④ 필압:

힘을 주어 눌러서 그리는 필압이 강할 경우는 긴장감과 불안감을 느끼고 있음이나 필압이 약하면 자신이 없고 소심하며 우유부단, 두려움과 불안정감을 표현한 것일 수 있다.

⑬ 부가적인 묘사:

창문을 너무 많이 그리는 경우, 이는 과도하게 자신을 개방하고 타인과 관계 맺고자 하는 욕구, 때로 지나치게 타인에게 다가가고 타인이 수용할 수 있는 것 이상으로 가까워지고자 하는 소망을 반영할 수 있다

나무 그림의 경우 나무 기둥에 옹이구멍은 흔히 성장과정에서 경험한 외상적 사건, 자아의 상처를 의미하는 것으로 볼 수 있고, 나무 그림의 지나치게 많은 과일은 상징적으로 사랑과 관심에 대한 강한 욕구를 의미할 수 있다.

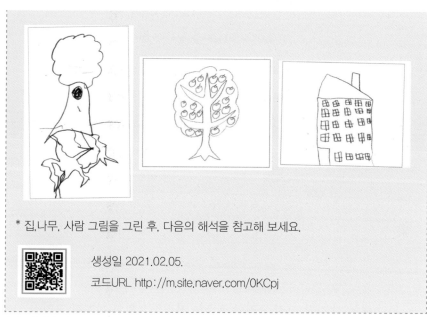

* 집,나무, 사람 그림을 그린 후, 다음의 해석을 참고해 보세요.

생성일 2021.02.05.
코드URL http://m.site.naver.com/0KCpj

출처: 신민섭 외(2002).

② KFD(Kinetic Family Drawing): 동적 가족화검사

　동적 가족화검사(Kinetic Family Drawing: KFD)는 Burns와 Kaufman(1970)이 그들의 임상경험에 기초하여 개발한 것으로 아동으로 하여금 자신의 가족을 모두 그리되 무언가를 하고 있는 내용을 그리도록 하여 아동이 주관적이고 심리적으로 느끼는 가족구성원에 대한 내적인 상을 알아보는 검사이다. 이 검사를 통해 가족 내에서 아동에게 가장 영향을 미치는 인물, 혹은 부정적인 영향을 끼친 인물에 대해 아동이 느끼는 감정이 솔직하게 드러날 수 있다. 특히, 운동성 가족화인 KFD는 가족이 무엇인가를 하고 있는 그림을 그려 보라고 요구함으로써 인물상의 묘사에서 '움직임'의 표현을 가능케 하기에 '가족화(Drawing A Family: DAF)'보다 그 내용이 좀 더 풍부하고 깊이가 있다고 알려져 있다(신민섭 외, 2002). 가족의 움직임의 표현을 통해 어떤 행위를 하고 있는 가족 구성원의 묘사가 나타나고 또한 인물상의 크기와 그 순위, 화면상에서의 위치 등에 대하여 상당한 다양성이 드러나게 되기 때문이다(백양희, 2014).

가족화(KFD)검사를 실시해 봅시다

① 종이는 가로로 제시하고 가족이 무엇인가를 하고 있는 그림을 그리도록 말한다.
② 아동이 그림을 다 그리는 동안 검사자는 가족구성원이 그려진 순서와 가족 중 빠진 사람이 있는지의 여부, 그리고 가족 이외에 그려진 사람이 있는지를 확인하고, 용지의 여백에 적어 둔다.
③ 사후질문을 한다.
사후질문 예: 각 인물이 무엇을 하고 있는가? 여기 가족화에 그린 상황 바로 전에는 어떤 일이 있었는가? 앞으로 이 가족은 어떻게 될 것 같은가? 만일 이 그림에서 무언가를 바꿀 수 있다면 무엇을 바꾸고 싶은가? 등

KFD의 해석 시 가장 먼저 고려할 요소는 가족구성원이 어떻게 그려졌느냐 하는 것이다. 아동의 경우엔 다른 가족은 다 가까이 그리면서 한 특정인만 멀리 떨어뜨려 그리거나, 어떤 가족구성원은 그리지 않거나 또는 자신과 가까이에 특정인을 그리기도 한다. 이와 같은 그림의 양식은 아동이 가족 내에서 느끼는 친밀감, 신뢰감과 주관적인 느낌 및 태도와도 관련이 있다. 따라서 그림의 양식은 일반적으로 가족구성원과의 상호작용 측면에서 해석되며, 특히 중요한 가족구성원과의 상호작용에 대한 의미 있는 단서가 될 수 있다. 예를 들어, 가족구성원을 그릴 때 직선이나 곡선을 사용하여 인물들을 의도적으로 분리하여 그리는 구획화현상이 나타나거나 가족구성원 중 한 명 이상을 선으로 둘러싸이게 그리는 포위가 나타나기도 하는데, 이는 가정에서 적극적인 애정표현이 이루어지지 않고 가족 구성원 간 상호작용이 부족한 가정의 아동에게서 자주 그려지곤 한다. 또 자신을 빠뜨리고 그린 경우도 중요한 의미를 지니는데, 자신을 그리지 않은 경우에는 자존감이 낮은 경우가 많으며, 이는 특히 우울한 아이에게서 자주 관찰된다.

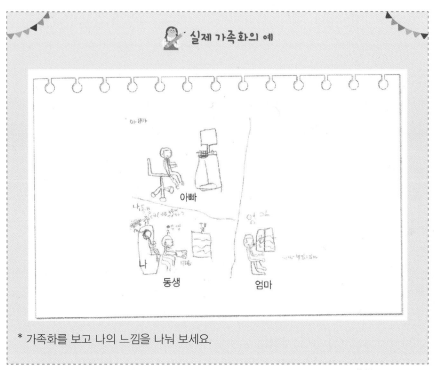

실제 가족화의 예

* 가족화를 보고 나의 느낌을 나눠 보세요.

출처: 신민섭 외(2002).

무언가를 하고 있는 가족을 그리는 KFD에서 표현된 각 인물의 행동은 여러 가지 임상적 의미를 제공해 준다. 우선, 그려진 가족 모두가 상호작용하고 있는지, 일부만이 상호작용하고 있는지, 아니면 상호작용 행동이 전혀 나타나지 않았는지에 따라 아동이 지각하는 가족의 역동성을 엿볼 수 있다. 대체로 아버지 상은 TV나 신문을 보는 모습, 일하는 모습으로, 어머니 상은 부엌일이나 청소 등과 같은 집안일을 하는 모습으로 많이 그려진다. 자기상은 TV를 보거나 컴퓨터를 하는 모습, 공부하는 모습 등으로 흔히 표현된다.

(5) SCT(Sentence Completion Test): 문장완성검사

문장완성검사(Sentence Completion Test: SCT)는 미완성된 문장을 제시하고 아동이 자유로이 완성하게 하여 아동의 태도나 심리적 요인에 대해 파악하는 일종의 투사검사이다. 예로, '우리 아빠는~'이라는 문장을 읽고 이에 따라 생각나는 대로 이어 쓰게 하는 것이다. 문장완성검사는 로르샤흐검사나 TAT와 같은 다른 투사검사와 차이가 있는데, 로르샤흐나 TAT에서는 무의식적인 수준에서 반응이 나오는 반면, 문장완성검사는 의식적인 수준에서 인식하고 자각하고 있는 심리적 특성과 상태가 드러나는 경우가 많기 때문이다. 그럼에도 문장완성검사는 아동이 미처 자각하지 못하고 있는 내면의 정신역동과 성격 특성에 관한 정보를 얻을 수 있다는 점에서 투사검사 범주에 넣어야 한다는 주장이 설득력 있게 받아들여지고 있다(노명숙, 2018).

검사 실시방법은 제시된 문장의 일부분을 읽고 미완성된 뒷부분을 자유롭게 완성하도록 한다. 검사 시작 시 검사자는 "머릿속에 처음 떠오른 생각으로 뒤 문장을 가능한 한 빨리 완성하십시오."라는 간단한 지시문만 제시하고, 아동이 불완전한 문장의 뒷부분을 이어서 채우면 되므로 실시가 간편하다(최혜순, 2011). 이러한 지시는 아동의 반응을 제한할 수 있다는 견해도 있지만 '가장 먼저 떠오르는 생각'을 적으라는 지시를 하지 않으면 문장을 읽자마자 떠오르는 진실한 속마음을 숨기고 의식적으로 방어적인 반응을 할 수 있기 때문에 대부분 이런 지시문을 넣는다(이우경, 2018).

이 검사는 검사자가 옆에 없어도 피검자가 혼자 실시 방법을 읽어 보고 스스로 작성할 수 있기 때문에 검사자의 노력과 시간이 가장 덜 드는 검사 중의 하나이면서 문장을 통한 정보는 다른 투사검사를 통해서 얻어진 검사결과보다도 아동의 심리상태 및 성격을 파악하는 데 확실한 정보를 제공할 수 있다. 최근 들어 전통적인 임상 영역 외에도 교육, 상담, 법정, 인사 선발 등 다양한 현장에서 사용되고 있다. 또한 다른 심리검사 도구에 비해 검사 실시와 해석이 비교적 간단하면서도 피검자에 대해 여러 가지 성향을 알게 해 준다는 점에서 많은 임상심리 전문가와 정신건강 전문가가 선호하는 검사이다. 그러나 문해능력이 부족한 연령의 유아에게 적용하기 어렵고, 피검자가 의식적인 통제나 방어를 하게 되면 지나치게 미화될 수 있어 원래 의도한 결과를 얻기 어려울 수 있다.

　문장완성검사는 초등생을 위한 SCT-C(아동 문장완성검사), 중·고등학생을 위한 SCT-A(청소년 문장완성검사), 20대 이상 성인을 위한 SCT(성인 문장완성검사)로 나뉘어 있는데, SCT-C는 크게 '자기, 가족, 타인 및 세상, 행복/꿈/욕구, 학업, 부정적 감정과 스트레스 반응 영역'이 포함되어 있다.

　성인 SCT는 '자기, 가족, 타인 및 세상, 꿈/욕구/가치, 시간 조망, 부정적 감정과 스트레스 대처 방식, 사랑/성/결혼, 건강/죽음/영성 영역'으로 구성된다. 성인용이 아동용과 다른 것은 '시간조망 영역'과 특히 '사랑/성/결혼 영역과 건강/죽음/영성 영역'이 들어가 있다는 점이다(이우경, 2018). 아동용뿐 아니라 성인용 문장완성검사 또한 유용하게 사용될 수 있다. 아동의 양육자에 대한 정보를 얻기에 유용하기 때문이다. 따라서 부모에게 검사지를 활용하여도 좋고 한편으론 교사, 예비교사 또한 자율적으로 검사를 진행해 보는 것도 권장할 만하다.

 문장완성 검사지와 해석분류표(아동용, 성인용)

생성일: 2021.02.22.
코드URL: http://m.site.naver.com/0KZDr

3) 발달검사

　발달검사는 주로 어린 영유아를 대상으로 이루어진다. 영유아 발달검사는 대부분 개별검사로서 영유아에게 발달상 장애나 지연이 있는 경우 조기에 발견하여 적절한 후속적 조치를 취할 수 있도록 하는 것을 목적으로 한다(황해익, 2009).

(1) 단계별 검사 방법

① 발달선별검사

영유아의 발달을 점검하기 위한 검사는 크게 선별검사(screening test)와 진단검사(diagnosis test) 두 가지 단계로 나뉠 수 있다. 발달선별검사는 빠른 시간 내에 종합적 진단을 필요로 하는 아동을 조기에 판별해 내기 위해 실시하는 검사이며, 추가적인 전문적 진단이 필요한지를 판단하기 위해 실시되는 검사이다. 즉, 선별검사를 통하여 아동이 정상적인 발달 범주에 속하는지를 확인하여 추가적인 진단검사가 필요한지를 판별하고 필요하다는 평가를 받게 될 때 진단검사가 이루어지게 되는 것이다.

일반적으로 발달선별검사는 간단하여 짧은 시간 내에 이루어지며 다양한 분야의 전문가들이 쉽게 사용할 수 있는 문항으로 구성되어 있다. 선별검사는 대체로 간단한 체크리스트나 부모면담에 기초하여 문제를 조기에 발견하고 적절한 조기개입 프로그램을 제공하기 위한 선별에 그 목적을 두기 때문에 정기적으로 검사를 실시하여 신속하게 조기개입이 필요한 영유아를 선별해 내는 데 활용된다. 대표적인 발달선별검사로는 대한소아과학회(2002)가 개발한 한국형 영유아발달검사, 한국형 Denver II, 한국판 DIAL-3, 한국형 ASQ, ESI-R 등이 있다. 이중 한국형 Denver II는 영유아의 선별검사에 주로 많이 사용되고 있다.

한국 영유아발달선별검사도구(월령별)를 다운로드해서 확인할 수 있습니다(부모 검증 단계를 거친 후 다운로드 가능)

https://www.nhis.or.kr

ㄴ 건강iN〉 나의건강관리〉 건강검진정보 〉 건강검진 실시안내 〉 영유아

건강검진 〉 발달선별검사지 사용기간 조회/검사지 서식

• 한국형 Denver II : 덴버 발달선별검사

1960년 말, 미국 덴버의 콜로라도 의과대학에서 영유아를 포함한 아동의 발달을 조기에 선별하기 위해 Frankenburg와 Dodds가 덴버 발달선별검사(Denver Developmental Screening Test: DDST)를 개발하였다(전창민 외, 2018). DDST는 출생 후 2주에서 6세 사이의 영유아를 대상으로 발달지체나 장애를 조기발견하기 위한 목적을 갖고 있다.

Denver II는 1992년 DDST의 문제점을 보완하여 개정된 것을 바탕으로 신희선, 한경자, 오가실, 오진주, 하미나(2002)이 한국형 Denver II를 개발하였다(황해익 외, 2014). Denver II는 출생 시부터 6세 사이의 건강한 아동에게 사용되도록 개발되었고, 해당 연령에 적합한 검사 항목(개인사회 발달 영역 22문항, 미세운동 및 적응발달 영역 27문항, 언어발달 영역 34문항, 그리고 운동발달 영역 27문항)을 통해 영유아의 수행정도를 사정하기 위해 시행된다(신희선 외, 2002). 검사는 발달지연 또는 문제의 가능성이 있는 영유아를 선별하기 위한 객관적 검사로, 발달지연 의심을 확증하기 위해, 그리고 발달 문제 고위험 영유아를 계속 관찰하는 목적으로 사용될 수 있다. 덴버 발달선별검사를 실시한 후에는 채점을 하여 각 문항별로 합격 또는 불합격으로 평가하게 되며, 검사의 결과에 따라 의문, 이상, 검사불능으로 해석된다.

표 5-4 덴버 발달선별검사(DDST)의 영역

기능 영역	과제의 설명	연령	과제명	과제
개성- 사회성	사람들과 함께 살아가고 자신의 신변처리를 스스로 하는 능력을 가리키는 과제	$5\frac{1}{2}$개월	장난감을 당기는 것에 저항한다.	장난감을 가져가는 것에 저항한다.
		$2\frac{1}{2}$개월	관리를 받아 옷을 입는다.	자신의 옷을 입는다.
소근육 운동 적용기능	보고, 손으로 물건을 집고, 그리는 능력을 가리키는 과제	$3\frac{1}{2}$개월	물건을 쥐기 위해 손을 뻗는다.	자기 앞에 놓인 장난감을 쥐기 위해 손을 뻗는다.
		2세	8개의 입방체로 탑을 쌓는다.	8개 입방체를 균형을 잡고 놓는다.

언어	듣고, 명령을 따르고, 말하는 능력을 가리키는 과제	1세	엄마, 아빠 이외의 3개 단어를 말한다.	세 가지 물건에 대해 적어도 3개의 특정한 단어를 사용한다.
		$4\frac{1}{2}$개월	단어를 정의한다.	용도, 모양, 구성 등의 범주별로 9개 단어(공, 호수, 책상, 집, 바나나, 커튼, 천장, 울타리, 포장도로와 같은 단어) 중 6개를 정의한다.
대근육 운동	앉고, 걷고, 점프하는 능력을 가리키는 자세	11개월	몸을 굽히고 편다.	마루를 디디거나 만지지 않고 몸을 구부려 장난감을 집고 다시 일어선다.
		$2\frac{1}{2}$세	넓이뛰기를 한다.	마루 위에 평평하게 놓인 $8\frac{1}{2}$인치 종이 위에 양발로 점프한다.

표 5-5 발달선별검사 도구

도구명	대상 연령	소요 시간	실시 형태	문항구성	검사도구
한국 영유아 발달 검사 개정판 (K-DST)	만 4개월~ 71개월	5~ 10분	부모	• 40문항(17개월 미만) • 48문항(18~71개월) 　– 각 영역당 8문항 　– 6~7개월 발달평가부터 추가 문항 　– 18~19개월부터 자조기술 추가 • 대근육운동/소근육운동/인지/언어/사회성	K-DST 한국 영유아 발달선별검사 Set 1 출처: http://hi.nhis.or.kr/
영유아 발달 체크 리스트	0세~ 5세	20분	부모, 교사	• 미국질병통제예방센터(CDC)와 저작권 협의를 통해 우리문화에 맞게 발간 • 생활연령에 맞는 체크리스트 찾기 • 유아가 할 수 있는 것과 할 수 없는 것을 확인한 후 「아이의 발달을 도울 수 있는 방법」을 참고하여 지원	영유아 발달 체크리스트 아이가 만 2개월이에요 출처: http://wooril114.org/

영아선별 교육진단 검사 (DEP)	0세~ 5세	20분	부모, 교사	• 국내연구진에 의해 우리나라 영아들을 대상으로 표준화작업 거친 도구 • 344문항(0~36개월 안에서 8개의 월령 단계마다 문항 수가 다름) • 대근육운동/소근육운동/의사소통/사회정서/기본생활	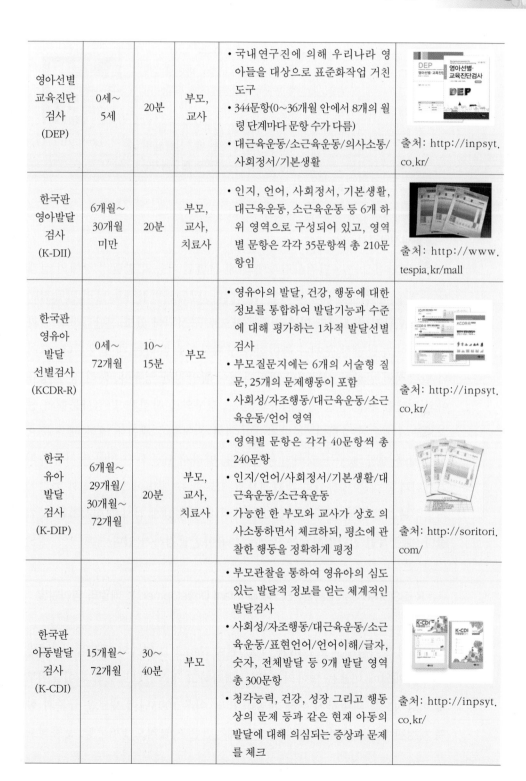출처: http://inpsyt. co.kr/
한국판 영아발달 검사 (K-DII)	6개월~ 30개월 미만	20분	부모, 교사, 치료사	• 인지, 언어, 사회정서, 기본생활, 대근육운동, 소근육운동 등 6개 하위 영역으로 구성되어 있고, 영역별 문항은 각각 35문항씩 총 210문항임	출처: http://www. tespia.kr/mall
한국판 영유아 발달 선별검사 (KCDR-R)	0세~ 72개월	10~ 15분	부모	• 영유아의 발달, 건강, 행동에 대한 정보를 통합하여 발달기능과 수준에 대해 평가하는 1차적 발달선별검사 • 부모질문지에는 6개의 서술형 질문, 25개의 문제행동이 포함 • 사회성/자조행동/대근육운동/소근육운동/언어 영역	출처: http://inpsyt. co.kr/
한국 유아 발달 검사 (K-DIP)	6개월~ 29개월/ 30개월~ 72개월	20분	부모, 교사, 치료사	• 영역별 문항은 각각 40문항씩 총 240문항 • 인지/언어/사회정서/기본생활/대근육운동/소근육운동 • 가능한 한 부모와 교사가 상호 의사소통하면서 체크하되, 평소에 관찰한 행동을 정확하게 평정	출처: http://soritori. com/
한국판 아동발달 검사 (K-CDI)	15개월~ 72개월	30~ 40분	부모	• 부모관찰을 통하여 영유아의 심도 있는 발달적 정보를 얻는 체계적인 발달검사 • 사회성/자조행동/대근육운동/소근육운동/표현언어/언어이해/글자, 숫자, 전체발달 등 9개 발달 영역 총 300문항 • 청각능력, 건강, 성장 그리고 행동상의 문제 등과 같은 현재 아동의 발달에 대해 의심되는 증상과 문제를 체크	출처: http://inpsyt. co.kr/

| 한국형 영유아 기질 및 비전형 행동척도 (K-TAPS) | 12개월~ 72개월 | 15분 | 부모, 교사, 치료사 | • 5개요인, 50개 문항으로 구성
 • 고립행동(18개문항), 과민감성(9개 문항), 과활동성(8개 문항), 저반응성(10개 문항)
 • 영유아의 기질 및 비전형 발달 수준을 알아볼 수 있는 발달선별검사
 • 발달적으로 역기능적인 행동평가 | 출처: http://inpsyt. co.kr/ |

출처: 중앙육아종합지원센터(2021.01.20.a), pp. 20-21.

② 발달진단검사

발달진단검사는 선별검사결과에 의해 선별된 아동의 발달적 장애의 상태나 유형을 정확히 판단하기 위한 검사이다. 발달선별검사와 달리 발달진단검사는 포괄적이고 심도 있는 검사문항으로 구성되어 있고 진단검사의 결과는 영유아의 발달상 문제나 특이점을 구체적으로 밝히는 데 활용된다. 그러나 발달적인 변화가 심하거나 발달과정이 불안정한 영유아, 특히 장애 영유아의 진단을 위한 발달 진단검사의 경우, 검사의 실시절차 및 검사문항의 선정기준이 매우 중요하다. 진단검사의 결과가 영유아 개인에 대한 매우 중요한 정보를 제공해 주는 것이기 때문이다. 따라서 표준화된 절차를 사용하여 검사결과를 다른 영유아와 객관적으로 비교할 수 있어야 한다. 특히 연령이 어릴수록 그들의 발달적 특성을 고려하여 융통성 있게 검사를 실시하는 것이 좋다. 대표적인 진단검사로는 Bayley 영유아발달검사가 있다.

• K-BSID(Korean Bayley Scale of Infant Development): 베일리 영아발달 척도

베일리 영아발달척도 BSID는 1969년에 Nancy Bayley와 동료들이 2개월에서 30개월에 이르는 영아의 발달을 평가하고 정상발달로부터의 이탈여부 및 이탈정도를 파악하기 위해 개발하였다. 이후 1993년에 새로운 규준과 함께 개정판 BSID-II가 출판되었는데, 개정판은 지능척도 178문항, 운동척도

111문항, 영아행동기록 30문항으로 구성되어 있으며, 연령범위가 1개월에서 42개월로 확장되어 있다(최혜순, 2011). 우리나라에서는 방희정, 남민, 이순행(2019)에 의해 생후 16일~42개월 15일 영유아를 대상으로 K-Bayley-III가 개발되었다. K-Bayley-III는 영유아의 발달 수준을 다양한 영역에서 파악 및 평가할 수 있으며, 발달 문제의 조기 규명을 가능케 한다. 한편 발달지연이 의심되는 42개월 16일 이상의 유아를 평가해 볼 수 있도록 '연령확대 사용가능' 버전도 제공되고 있다. 지금까지 베일리 영아발달검사는 영아발달을 평가하는 가장 유용한 도구라고 알려져 있다.

(2) 영유아 발달의 이해

영유아 발달은 신체, 인지, 언어, 사회, 정서 영역으로 이루어져 있으며, 발달의 각 영역은 상호 밀접한 관련이 있는 동시에 발달의 속도와 양상은 영유아마다 제각기 다르다. 따라서 영유아의 발달 과업을 이해함에 있어서 주의해야 할 것은 발달 과업은 단계에 따른 평균적인 발달 특성을 제시한 것으로, 특정 행동이 해당 연령에 나타나지 않는다고 해서 발달이 정상적이지 않음을 의미하는 것이 아니라는 점이다. 예를 들어, Denver II 검사를 수행하였다고 하자. 이 검사는 IQ 검사가 아니며 이후의 적응 또는 지적 능력에 대한 명확한 예측기능을 갖는 것이 아니다. 더욱이 이를 통해 학습불능이나 언어장애 등을 확정해서도 안 된다(전창민 외, 2018). 오히려 영유아의 발달은 영속적이며 개인차가 있으므로, 관찰자는 발달의 연속성에 초점을 두고 영유아의 행동을 이해해야 하며 발달 과업은 영유아의 발달수준을 고려할 때 참고로 할 필요가 있다. 예를 들어, 14개월 된 영아의 신체 발달이 정상적인지를 판단할 경우, 영아가 기는지 혹은 걷는지가 중요한 것이 아니며, 오히려 이 영아가 앉고 기고 물체를 잡고 서서 걸은 후 혼자 걷는 등 신체 발달에 있어 일련의 연속성을 보이는가가 중요한 것이다.

각 개인마다 발달의 개인차가 매우 커서 어떤 영유아는 8개월에 걸음마를 시작하는 반면, 15개월이 되어서야 첫 발걸음을 내딛는 영아가 있을 수도 있다. 따라서 관찰자는 발달의 연속성과 개인차를 염두에 두고 관찰된 영유아의 행동을 이해해야 하며, 이에 기초하여 개인별로 적절한 교수활동을 계획하는 것이 바람직하다(김송이, 정지나, 최혜영, 민성혜, 2009).

 발달검사는 언제 받는 것이 좋을까요

생성일 2021.02.05.
코드URL http://m.site.naver.com/0KCpj

4. 아동검사 수행 시 유의사항

아동검사의 경우, 검사상황이 아동의 반응에 커다란 영향을 미칠 수 있기 때문에 각별한 주의가 요구된다. 아동검사를 실시하기 전에 검사자는 검사도구를 비롯한 자료를 준비하고, 검사하는 과정에서 아동의 반응과 행동 특성을 정확하게 기록하는 것이 좋다. 아동 대상의 검사를 실시하는 것은 답이 정해져 있는 것도 있지만, 답보다는 과정을 살피는 중요한 시간이기 때문에 검사를 수행할 때는 다음에 유념해야 한다.

1) 검사 실시장소는 편안한 느낌을 주는 환경으로 구성해야 한다

아동의 검사를 위해서는 편안한 느낌을 받을 수 있는 공간적 환경 구성이 요구되며 이와 더불어 검사를 실시하는 동안, 아동이 심리적으로 안정감을 갖고 검사에 임할 수 있도록 편안하고 온화한 분위기를 형성해 주는 것도 요구된다. 또한 검사의 목적, 진행과정, 활용방법 등에 대해 설명해 줌으로써 검사를 받는 아동으로 하여금 불필요한 불안감이나 심리적 압박감을 갖지 않도록 배려해야 한다. 검사가 시작되기 전 아동에게 화장실에 갈 필요가 있는지 또는 다른 요구사항이 있는지 등을 점검한 후, 아동이 심리적으로 안정된 분위기에서 검사를 받도록 하는 것이 좋다.

2) 검사자와 검사대상자 간 신뢰감을 형성해야 한다

아동이 검사자를 신뢰하는 관계를 형성하는 것이 중요하다(노명숙, 2018). 검사자가 교사인 경우에는 이미 아동과 라포가 형성되어 있어 문제가 되지 않겠으나 만일 검사자가 아동과 첫 대면을 하는 상황이라면 검사 실시 이전에 검사 대상자와 긍정적인 감정을 나누는 것이 우선되어야 한다. 검사자는 검사를 바로 수행하기보다는 검사를 받으러 온 아동과 인사를 나누거나 일상적인 질문과 대화로 아동의 긴장을 풀어주고 새로 만난 검사자에 대해 편안하게 느낄 수 있게 해 주어야 한다. 그리고 난 후 천천히 검사 문항을 도입하는 것이 좋다. 일단 검사가 실시되면, 검사자는 아동이 검사과정에 흥미를 갖고 참여할 수 있도록 아동의 반응에 대한 격려와 칭찬을 해 주는 것이 좋다. 검사자와 검사대상 아동 간의 신뢰감(rapport)은 검사과정 및 결과에 결정적인 영향을 미친다(안선희 외, 2015).

특히 연령이 어린 아동일수록 부모와의 분리가 어렵고 낯선 사람에 대한 경계가 높을 수 있다. 꼭 필요할 시에는 부모가 함께 검사실에 들어갈 수도 있지만, 이는 검사의 결과에 영향을 미칠 수 있으므로 부모는 아동의 시각에서 벗어나 뒤에 앉아 있도록 하며, 가급적이면 검사자와 충분히 친밀감을 형성하여 부모와 독립되어 검사실에 들어갈 수 있도록 해야 한다(전창민 외, 2018).

3) 심리검사에 관한 충분한 지식과 경험, 윤리의식을 갖고 있어야 한다

검사자는 해당 검사도구에 대한 충분한 이해와 사용방법, 목적을 명확히 알아야 하며, 동시에 검사도구의 효용성과 그 한계를 인식하고 윤리적인 의식과 태도를 갖고 임해야 한다.

5. 검사 결과의 해석 및 평가

1) 검사 결과에 대한 해석은 신중해야 한다

심리검사는 한 인간의 능력이나 성격 등을 측정하여 그 사람에 대한 이해를 돕기 위해 실시하는 것이지만, 어떤 검사 도구일지라도 완전한 것은 없기 때문에 검사 점수를 절대시하지 말며 해석은 신중해야 한다(황해익 외, 2014). 또한 검사 결과는 심리학적 진단을 위한 하나의 참고 자료에 불과하기 때문에 검사 결과만으로 문제 아동이라든지 어떤 형태의 성격이라고 하는 판단을 해서는 안 된다(현정환, 2009).

2) 일회적 결과보다는 반복적 실시가 요구된다

아동의 발달은 고정된 것이 아니며, 특히 유아의 경우 발달이 매우 급속하게 이루어지는 시기이므로 특정 시점에 일회적으로 실시된 검사에 기초하여 아동의 발달을 평가하기보다는 반복적으로 실시되어야 한다(안선희 외, 2015). 특히 어린 영유아 검사의 경우, 검사상황이 그들의 반응에 커다란 영향을 미칠 수 있기 때문에 그 상황에 어떻게 반응하였느냐에 따라 결과가 매

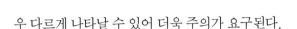

우 다르게 나타날 수 있어 더욱 주의가 요구된다.

3) 종합적 판단이 중요하다

아동의 검사 수행 후 그 아동의 행동 및 성격을 해석하고 평가함에 있어서 무엇보다도 중요한 점은 다양한 방법을 통한 종합적 판단을 해야 한다는 점이다. 일련의 검사들을 한 세트(set)로 하여 '종합심리검사(full battery)'로 이행하는 이유도 여기에 있다. 검사자 및 교사는 심리검사 결과와 함께 놀이장면에서의 정보수집, 사회적 장면에서의 관찰, 행동 평정척도에서 얻은 정보 등을 종합적으로 분석하여 아동에 대한 종합적 평가를 내려야 한다(현정환, 2009). 특히, 어린 영유아를 위해서는 그 영유아의 행동관찰과 부모를 통한 행동평정이 반드시 수반되어야 한다. 영유아의 평소 행동 특성에 대해 잘 알고 있는 주 양육자를 통해 아동에 대한 충분한 정보를 수집한 후에 이를 반영하는 노력이 수반되어야 한다(전창민 외, 2018).

(1) 관찰에 의한 정보수집

각자 성향과 개성이 다른 영유아의 행동은 모두 다를 수 있으며 모든 상황에서 동일하게 나타날 수는 없다. 이렇게 영유아의 행동을 이해함에 있어 자칫 교사의 주관적인 판단에 따라 행동이 옳은지, 그른지를 판단하는 오류를 범할 수 있다(최영희 외, 2018). 예를 들어, 호기심이 너무 많아서 다른 아이들에 비해 질문이 많은 영유아의 경우, 교사에 따라 주의산만 혹은 과잉행동장애 또는 학습장애 등으로 판단을 달리하기도 한다. 이처럼 영유아의 문제행동은 교사의 주관적 관점에 따라 달리 해석될 수도 있다.

교사의 객관적이지 못한 판단은 영유아의 부적절한 행동을 지도하는 데 방해가 될 뿐만 아니라 적절한 시기에 필요한 전문적인 처치까지 방해할 수 있으므로 영유아의 행동에 대한 판단은 관찰을 통한 정확하고 객관적인 자료에 근거하여 신중하게 이루어져야 한다(이영훈 외, 2007).

영유아의 행동을 관찰하고 관찰된 행동을 객관적, 체계적으로 기록하는 것은 영유아 행동연구에서 가장 오래된 연구방법 중의 하나이다. 영유아의 행동을 평가하는 방법으로 이용되는 관찰은 일상 사건이나 우연한 행동에 대한 무의식적 또는 우연한 관찰이라기보다는 주로 특정한 목적을 가지고 체계적인 절차를 통해 이루어지기에 과학적 연구라고 볼 수 있다.

그럼에도 더욱 객관적인 관찰이 되기 위해 교사가 주의해야 할 점은 영유아를 전인으로서 이해해야 한다는 점이다. 교사는 영유아의 문제행동을 보이는 것에 신경을 쓰게 되면서 부정적 측면만을 보게 되는데 이보다는 긍정적 측면도 함께 찾아보고 그 영유아를 이해하여야 한다. 또한 관찰은 일회성에 그치지 말고 계속적인 과정이어야 한다. 즉, 관찰을 통한 이해는 면밀한 장단기 계획을 세우고, 꾸준한 관심을 가지고 행해져야 한다.

유아교육기관에서 유아 교사가 관찰을 중요하게 생각하고 영유아의 행동을 세밀히 관찰하여 발달 상황을 기록하는 것은 매우 중요하다. 영유아기에 해당하는 아이에 대한 정보 수집은 성인과 달리 언어를 매개로 한 접근이 쉽지 않기 때문에 놀이 장면에서의 행동을 통해서 필요한 정보를 얻는 방법을 주로 사용한다. 놀이는 아이들의 생활 그 자체이며, 자신의 정신세계를 놀이라는 매개체를 통해서 표현한다. 그러므로 아이와 함께 놀이를 전개하면서 아이와 관련된 정보를 수집하는 것은 다른 어떤 방법보다 효과적이며 유익한 정보를 얻을 수 있다는 이점을 갖고 있다. 즉, 영유아의 검사는 먼저는 세밀하고 객관적인 관찰에 의존하는 것이 가장 보편적이다.

(2) 행동평정척도에 의한 정보수집

영유아에 대한 임상 심리학적 평가에서는 심리검사가 충분히 이루어지지 못하거나 검사 결과가 효력을 갖지 못하는 경우가 많기 때문에 영유아의 놀이관찰과 함께 많이 사용하는 방법 중 하나가 행동평정척도이다. 이는 부모

나 교사가 영유아의 행동에 대해 질문지 내용에 따라 평가하는 객관화된 정
보수집 방법이다. 행동평정척도에 의한 정보 수집은 단지 영유아에 국한하
여서만 이루어지는 것이 아니라 영유아의 부모환경을 알아보기 위해 부모검
사도 다양한 척도를 통해 이루어질 수 있다.

　특히 영유아는 자신의 심리를 적절한 어휘로 구체적으로 표현하는 데 어려
움이 있으므로 주변 성인들의 참여가 필요하다. 즉, 부모, 교사, 이웃 등 다양
한 성인들이 해당 영유아에 대한 질문지에 응답하거나 면담에 참여하면서 영
유아의 전반적인 행동 양상에 대한 정보를 얻을 수 있어야 보다 종합적인 평
가가 가능하다(김경회, 한성희, 김혜금, 2018).

　부모나 주 양육자가 영유아의 전반적인 행동 양상 및 성향에 대하여 응답
하도록 고안된 질문지 중 대표적인 것으로 '한국판 아동행동척도(Korea Child
Behavior Checklist: K-CBCL)'를 들 수 있다. 한국판 아동행동척도(K-CBCL)
는 만 4~7세 자녀를 둔 부모를 대상으로 하고 부모 외의 주양육자가 평가할
수 있다. K-CBCL은 Achenbach와 Edelbrock(1983)이 개발한 미국판 CBCL
을 오경자, 이혜련, 홍강의, 하은혜 등이 우리나라 실정에 맞게 표준화한 행
동평가도구이다. 이는 사회능력척도와 문제행동증후군척도로 117개 문항으
로 구성되어 있다. 사회능력척도에서는 친구나 또래와 어울리는 정도, 부모
와의 관계를 알아보는 사회성 척도, 교과목수행 정도와 학업수행상의 문제를
알아보는 학업수행척도가 있다. 문제행동증후군척도에는 위축, 신체증상,
불안/우울, 사회적 미성숙, 사고의 문제, 주의집중 문제, 비행, 공격성 등이
포함된다(노명숙, 2018).

🧑 한국판 아동행동척도 K-CBCL

유아 행동 평가척도 부모용 (CBCL 1.5-5)	18개월~ 만 5세	15~ 20분	부모	• 행동평가척도-문제행동척도 1) 증후군척도: 내재화(정서적 반응성, 불안/우울, 신체증상, 위축), 외현화(주의집중문제, 공격행동), 수면문제, 기타 문제 2) DSM진단척도: DSM정서문제, DSM불안문제, DSM전반적발달문제, DSM ADHD, DSM반항행동문제 • 언어발달검사 　-어휘력, 문장길이	출처: http://aswba.co.kr/

출처: 중앙육아종합지원센터(2021.01.20.a), p. 23.

제 **3** 부

아동관찰 및 행동연구의 실제

제**6**장

포트폴리오 평가

아동의 성장과 발달을 평가하기 위해 아동의 활동 과정을 관찰하고 다양한 자료들을 수집하여 포트폴리오를 구성하게 된다. 포트폴리오 평가를 통해 시간의 흐름에 따라 아동이 어떤 변화를 보이며 발달해 가는지 평가할 수 있다.

1. 포트폴리오 평가의 정의 및 목적

1) 포트폴리오 평가의 정의

포트폴리오(portfolio)의 어원을 보면 이탈리아어 'portafoglio'에서 유래된 말로 'port'는 '운반하다(carry)'의 의미이고 'folio'는 '종이(paper)'를 의미한다. 두 단어가 합쳐져 '가지고 다닐 수 있는 자료집'을 말한다. 일반적으로 포트폴리오는 예술, 의류, 사진, 문학, 금융, 정치, 경제 등의 다양한 분야에서 작업의 결과나 작품을 모아 놓은 것이다. 교육현장에서 포트폴리오는 아동에 대

한 다양한 정보와 아동의 성장, 발달과정의 근거가 되는 작품, 수행 결과물,
기록물 등의 자료를 수집한 것을 의미한다. 포트폴리오의 의미를 더 자세히
이해하기 위해 다양한 정의를 살펴보면 다음과 같다.

- 포트폴리오는 아동의 지식, 기술 및 태도의 성장을 점검하기 위해 교사
  와 아동이 체계적·조직적으로 증거를 수집한 것이다(Vavrus, 1990).
- 포트폴리오는 시간의 흐름에 따른 아동의 발달과 학습을 기록한 증거
  를 조직할 목적으로 모아 놓은 것이다(Northwest Evaluation Association,
  1990).
- 포트폴리오는 아동의 지속적인 발달과 학습을 기록한 증거를 의도적으
  로 조직화하여 개별 아동의 변화와 발달과정을 총체적·지속적으로 평
  가하기 위한 방법이다(McAfee & Leong, 2008).
- 포트폴리오는 유아교육과정을 통한 학습 기준으로 아동의 정서적·인
  지적 학습에 초점을 둔 가치 있는 도구로, 시간이 지남에 따른 각 아동의
  성취 수준, 흥미, 학습 프로파일, 발달 준비의 정보를 보여 주는 모음집
  이다(Kingore, 2008).
- 포트폴리오는 아동의 결과물을 의도적이고 체계적으로 모으는 과정이
  다(서현아 외, 2018).
- 포트폴리오는 아동의 그림이나 끼적인 종이, 교사가 아동의 발화를 기
  록한 것, 아동의 종이접기, 관찰일지 등 아동이 활동을 통해 만들어 낸
  다양한 결과물을 모은 작품집이다(성미영 외, 2017).
- 포트폴리오는 작품의 결과나 작품 혹은 어떤 수행의 결과를 모아 놓은
  자료집이나 서류철을 의미한다(황해익 외, 2009).

포트폴리오는 교육 분야에 도입되면서 평가의 개념으로 사용되고 있다.
포트폴리오 평가는 장기간에 걸쳐 아동의 활동 결과물을 조직적으로 수집함

으로써 아동의 발달과 학습해 가는 과정을 점검해 볼 수 있다. 이런 맥락에서 포트폴리오는 비구조적인 방법을 통해 아동을 이해하고 발달을 평가할 수 있는 방법이다.

2) 포트폴리오 평가의 목적

포트폴리오 평가는 일반적으로 아동의 성장, 발달, 학습 정도를 살펴보고 아동에게 적합한 교육활동을 제공하기 위한 목적으로 사용되고 있다. 이러한 목적 이외에도 포트폴리오 평가는 교육현장에서 다양한 목적으로 사용되고 있다. 포트폴리오 평가의 목적을 보다 구체적으로 살펴보면 다음과 같다 (황해익, 2009; Harris, 2009; Kingore, 2008; McAfee & Leong, 2008).

첫째, 포트폴리오 평가는 아동의 성장, 발달, 학습에 있어 진보하는 과정과 현재 수준을 나타내는 다양한 자료를 얻기 위한 목적으로 사용될 수 있다.

둘째, 포트폴리오 평가는 아동의 활동 과정을 관찰하고, 교육활동에서 수집한 자료를 검토하면서 개별 아동의 수준을 파악함으로써 아동에게 적합한 교수-학습 방법을 계획하기 위한 목적으로 사용될 수 있다.

셋째, 포트폴리오 평가는 아동에 대한 다양한 정보를 포함하고 있어서 학년이 바뀌거나 담임교사가 바뀔 경우 새로운 교사가 아동을 이해하는 데 유용한 정보를 제공해 줌으로써 연계성 있는 교육을 위한 목적으로 이용될 수 있다.

넷째, 포트폴리오 평가는 평가과정에 아동을 직접 참여시킴으로써 아동으로 하여금 성취감, 주도성, 자율성, 책임감을 갖게 하고, 자기 평가를 통해 반성적 사고를 가능하게 하기 위한 목적으로 활용될 수 있다.

다섯째, 포트폴리오 평가는 아동의 성장·발달에 영향을 미칠 수 있는 가족, 동료 교사, 원장, 교육전문가와 같은 중요한 타인과 아동에 대한 정보를 공유하게 함으로써 교육적 지원이 가능하게 하기 위한 목적으로 사용될 수 있다.

이와 같이 포트폴리오 평가는 아동의 특성을 바르게 이해함으로써 아동의 심신의 건강과 조화로운 발달이 가능하도록 교육적 지원을 제공하는 데 사용될 수 있는 유용한 교육적 도구라고 할 수 있다. 따라서 포트폴리오 평가는 작품을 선정하고 평가하는 과정에 교사, 아동, 또래, 가족을 참여시켜 작품에 대한 의견을 나누어 첨부하고 아동의 놀이와 활동을 지원하기 위한 자료로 활용할 수 있다.

2. 포트폴리오 평가의 특징 및 유형

1) 포트폴리오 평가의 특징

포트폴리오 평가는 다음과 같은 몇 가지 특징을 가진다(성미영 외, 2017; 안선희 외, 2015; 황해익 외, 2009; McAfee & Leong, 2008; Kingore, 2008).

첫째, 포트폴리오 평가는 아동의 긍정적인 변화에 초점을 맞추게 된다. 아동의 성취 여부에 초점을 두게 되는 구조적 평가와는 달리, 포트폴리오는 시간의 변화에 따른 아동의 발달과 학습의 진보와 같은 긍정적인 측면에 초점을 두고 평가하게 된다.

둘째, 포트폴리오 평가는 아동의 발달과 학습에 대한 다양한 정보를 제공한다. 포트폴리오는 일 년 또는 한 학기 동안 이루어진 다양한 활동 과정에서 수집된 자료이다. 이러한 자료를 통해 교사는 여러 발달 영역에서 아동의 성장·발달 과정과 발달 수준, 관심사, 재능 등을 발견할 수 있게 된다.

셋째, 포트폴리오 평가는 개별적 평가가 이루어지므로 개별화된 교육과정을 실행하게 한다. 포트폴리오에 수집된 자료는 아동마다 다르기 때문에 아동의 개별성과 독특성을 보여 준다. 교사는 포트폴리오를 통해 아동의 개별성을 이해하고 이를 기반으로 교육활동을 계획할 수 있다. 또한 부모는 포트폴리오 평가과정에서 학습공동체의 한 축으로써 평가에 참여하게 되며 아동과 긴밀한 상호작용을 통해 반성적 사고를 하게 되고, 교사와의 소통의 기회를 통해 부모의 바람과 가정에서 살핀 아동의 발달 상황을 살필 수 있게 되어 개별화교육에 도움이 된다(심윤희, 2012).

넷째, 포트폴리오 평가는 아동이 활동 결과물을 수집하는 데 참여함으로써 자기 주도적·반영적 평가를 할 수 있는 기회를 제공한다. 아동은 긴 시간 동안 많은 활동에 참여하게 되면서 다양한 결과물을 완성하게 된다. 이러한 결과물 중에서 아동은 포트폴리오 수집에 포함시킬 결과물을 선택하게 된다. 그 과정에서 아동은 자기주도적으로 선택하고 정리하면서 포트폴리오를 구성하고, 부족했던 점을 반성하고 개선할 점을 살펴보면서 자기 평가를 하게 된다. 이러한 아동의 자기평가 과정은 실제적인 교육과정의 운영 및 개선, 직접적이고 구체적인 경험이 가능하도록 영향을 미치고, 아동의 자아개념과 반성적 사고의 발달을 촉진시킬 수 있도록 도움을 준다.

다섯째, 포트폴리오 평가는 아동이 교사, 또래, 부모와 함께 포트폴리오를 구성하거나 공유하면서 여러 사람과 협동하고, 생각을 나눌 수 있게 해 준다. 아동은 포트폴리오를 여러 사람에게 보여 주면서 자신이 배운 것, 할 수 있는 것, 경험한 것 등을 공유한다. 이러한 과정에서 아동은 성취감과 기쁨을 느끼기도 하고, 포트폴리오에 재방문할 기회를 통해 재검토를 하게 된다. 교사는 칭찬과 격려를 해 줄 수도 있고, 아동을 더 깊이 이해할 수 있게 된다. 또한 부모는 자녀와 유아교육기관과의 상호작용을 통해 교육의 동반자적 관계로서 아동발달의 역할자임을 인지하게 되고 아동의 성장과 발달에 긍정적인 영향을 미칠 수 있게 된다.

여섯째, 포트폴리오 평가는 융통성 있게 진행되면서 교육과정과 통합된 형식이다. 포트폴리오는 절대적으로 규정된 준거, 절차, 내용에 따라 구성되는 것이 아니라 상황에 따라 다르게 구성될 수 있다. 아동의 연령, 발달수준, 능력에 따라 포트폴리오는 다양하게 진행될 수 있다. 포트폴리오 평가를 통해 교사는 아동이 관심을 보이는 활동을 파악하여 개별 활동 또는 전체 활동으로 수업을 준비한다. 아동은 활동의 과정에서 결과물을 선택하고, 교사는 다음 활동에 반영한다는 측면에서 교육활동과 평가가 통합된 순환적 방식의 평가라 할 수 있다.

2) 포트폴리오 유형

포트폴리오 평가는 단순히 정보를 모으고 자료를 수집하여 보관하는 방법이 아니라 무엇을 넣고, 어떻게 조직하고, 어떻게 활용할 것인지를 심사숙고하여 계획하고 조직하는 것이다. 포트폴리오 제작 및 평가의 대상과 목적에 따라 포트폴리오의 유형을 선택할 수 있다. 따라서 여기서는 다양한 포트폴리오 평가의 유형을 제시하고자 한다.

(1) 제작 목적에 따른 유형

포트폴리오를 제작하는 목적에 따라 전시 포트폴리오, 평가 포트폴리오, 기록 작품 포트폴리오, 과정 포트폴리오 4가지 유형으로 구분할 수 있다 (Valencia & Place, 1994).

표 6-1 제작 목적에 따른 포트폴리오 유형

유형	내용
전시 포트폴리오 (showcase portfolio)	아동이 가장 잘한 작품이나 좋아하는 작품을 선정해서 전시하는 것이다.
평가 포트폴리오 (evaluation portfolio)	평가를 위해 기준에 맞게 필요한 자료를 선정하는 것이다.
기록 작품 포트폴리오 (documentation portfolio)	아동의 포괄적인 발달 수준을 기술하기 위해 아동의 작품이나 진보된 상황에 대한 증거자료를 선정하는 것이다.
과정 포트폴리오 (process portfolio)	프로젝트를 진행할 때, 아동에 의해 기록되고 평가된 과정이 포함된 것이다.

(2) 활동 과정의 수준에 따른 유형

어떤 활동을 마친 후 결과를 보여 주는 작품, 활동 과정 자체를 보여 주는 작품 중 어떤 작품을 중심으로 모을 것인지에 따라 전시 포트폴리오, 과정 포트폴리오, 결합 포트폴리오로 구분할 수 있다(Birenbaum & Dochy, 1996).

표 6-2 활동 과정의 수준에 따른 포트폴리오 유형

유형	내용
전시 포트폴리오 (exemplary portfolio)	아동의 대표 작품이나 가장 우수한 작품, 수행 등을 나타낸 것으로 자료를 장기적으로 수집한 것이다.
과정 포트폴리오 (process portfolio)	아동의 학습발달 및 성장 과정을 보여 주는 본보기로 특정 학습과제에 대한 진행된 학습활동 과정의 완성된 작품 또는 미완성된 작품을 수집한 것이다.
결합 포트폴리오 (combined portfolio)	전시 작품과 과정적 작품으로부터 선택된 작품을 수집한 것이다.

(3) 내용의 질적 수준에 따른 포트폴리오 유형

포트폴리오 제작의 완성도 수준 또는 포트폴리오를 통해 아동의 총체적 평가가 가능한지에 따라 수준 미달 포트폴리오, 초보적 포트폴리오, 정상적 포트폴리오, 우수한 포트폴리오 등으로 구분할 수 있다(Paulson, Paulson & Meyer, 1991).

표 6-3 내용의 질적 수준에 따른 포트폴리오 유형

유형	내용
수준 미달 포트폴리오 (off-track portfolio)	일정한 원칙 없이 아동의 작품을 무조건 수집한 것이다. 학습이 어떻게 이루어졌는지에 대한 설명이 없어 학습과제에 대한 아동의 이해가 충분하지 않은 포트폴리오의 형태이다.
초보적 포트폴리오 (emerging portfolio)	포트폴리오의 목적과 교사의 의도를 약간 파악하고 그에 따라 작품을 수집한 것이다. 학습이 이루어진 것과 아동에 관한 총괄적인 모습이 여전히 충분하지는 않은 포트폴리오의 형태이다.
정상적 포트폴리오 (on-track portfolio)	포트폴리오에 수집된 작품의 관계와 내용을 올바르게 파악하고, 작품 선정 이유를 정확히 표현한 것이다. 포트폴리오를 통해 아동을 평가할 수 있고 아동 스스로도 자신을 평가할 수 있는 포트폴리오의 형태이다.
우수한 포트폴리오 (outstanding portfolio)	아동이 포트폴리오의 목적을 정확하게 파악하고 수집한 작품의 내용과 목적을 정확히 파악하고 있는 것이다. 평가자가 아동의 학습 정도와 전반적인 발달과 성장에 관한 판단을 정확히 내릴 수 있는 포트폴리오의 형태이다.

(4) 사용 방법에 따른 포트폴리오 유형

포트폴리오를 사용하는 목적에 따라 개인 포트폴리오, 학습 포트폴리오, 인수 포트폴리오로 구분할 수 있다(Shores & Grace, 1998).

표 6-4	사용 방법에 따른 포트폴리오 유형
유형	내용
개인 포트폴리오 (private portfolio)	비밀이 보장되어야 하는 아동의 개인적인 정보를 수집하는 것이다. 자료수집의 주체가 교사이며 비밀이 보장되어야 하는 것이므로 수집과 보관에 유의가 필요하다. 예를 들어, 아동 관찰일지나 부모면담 기록, 가정환경 조사서 등이 포함된다.
학습 포트폴리오 (learning portfolio)	장기간에 걸쳐 아동의 작품을 의도적으로 수집한 것이다. 교사와 아동이 가장 빈번하게 사용하는 것으로 수집 주체가 교사와 아동 모두가 될 수 있다. 교육활동 과정에서 아동이 제작한 작품, 쓰기 자료, 자기반성 기록뿐만 아니라 교사가 기록한 아동에 대한 기록, 교사와 교사의 의견교환 기록 등이 포함된다.
인수 포트폴리오 (pass-along portfolio)	아동의 1년 활동을 정리하고 새로운 반으로 진급할 때 새로운 교사에게 전달하여 해당 아동에 대해 참고할 수 있도록 정리한 포트폴리오의 형태이다. 교사, 아동, 부모가 함께 협의에 의해 선택한 아동의 대표 작품과 아동의 전반적인 발달 수준에 대한 교사의 기록 등이 포함된다.

3. 포트폴리오 평가의 절차

아동은 동일한 교육적 환경과 놀이 활동에서 같은 방법으로 놀이하고 학습되어지는 것이 아니므로 형식적인 평가만으로 아동을 평가하기보다는 다양한 방법과 절차로 이루어지는 비형식적인 평가도 필요하다. 아동 각자에게 맞는 포트폴리오를 구성해 가는 것은 아동의 현재 수준을 이해하고 교사가 무엇을 가르쳐야 하는지의 정보를 제공해 준다(Brualdi, 1996).

포트폴리오 평가는 비형식적인 평가 방법으로 특정한 방법과 절차가 정해지지 않지만 일반적으로 다음과 같은 절차를 고려해서 실행한다. 첫째, 포트폴리오 평가를 위한 계획하기, 둘째, 포트폴리오 평가를 위한 자료 수집하기, 셋째, 포트폴리오 평가를 위한 조직과 관리하기, 넷째, 포트폴리오 평가의

그림 6-1   포트폴리오 평가의 절차

해석 및 활용하기의 과정으로 진행된다(김신옥, 이현정, 2016; 양명희, 임유경, 2016; 이해정 외, 2018; 황해익 외, 2014).

여러 학자가 포트폴리오 평가 절차에 대해 제시한 내용을 토대로 정리하면 다음과 같다.

1) 포트폴리오 평가를 위한 계획하기

포트폴리오 평가는 충분한 사전계획을 통해 평가의 규정을 정하고 그 목적과 준거를 선정하여 평가 참여자에게 포트폴리오 평가에 대한 안내와 연수가 이루어져야 한다.

포트폴리오 평가를 위해 가장 먼저 이루어져야 하는 것은 포트폴리오 제작 목적을 정하고 그 목적의 달성 여부를 확인할 수 있는 규정을 정하는 것이다. 포트폴리오 평가 규정은 포트폴리오 평가를 실시하기 위한 계획으로 아동 및 부모의 참여를 최대한 보장할 수 있는 방향으로 포트폴리오 평가를 실시하는 목적, 수집될 내용물, 채점 준거, 실시 방법과 포트폴리오의 활용 방법 등을 결정하는 것이다(황해익, 2009). 포트폴리오 평가 규정은 포트폴리오를 어떻게 구성하고 활용할 것인지에 대한 구체적이고 조직적인 준거를 제시함으로써 포트폴리오 활동에 지침이 되어 성공적인 포트폴리오 평가가 가능하게 해 준다. 포트폴리오 평가 규정을 정함에 있어 다음에 나온 예시를 참고할 수 있다.

포트폴리오 평가 규정의 예 1

○ 포트폴리오 평가는 유아의 발달 수준 평가와 발달에 적합한 실제를 제공하기 위해 개별 유아에 대한 다양한 자료를 수집한다.

○ 본 기관에서는 전반적인 포트폴리오 수행 과정과 방법에 대한 사항을 협의하기 위해서 포트폴리오 협의회를 둔다.

  – 포트폴리오 협의회는 연 2회를 기본으로 한다.

  – 기관의 여러 사정과 부모의 편의에 따라 일시와 장소는 변경될 수 있다.

  – 포트폴리오 협의회는 원장, 교사, 부모, 유아를 포함시킨다.

○ 포트폴리오에 수집될 항목은 표준보육과정, 누리과정 영역별로 구분하여 수집한다.

○ 포트폴리오에서 수집될 항목은 연 3회(학년 초, 1학기 말, 2학기 말)에 걸쳐 수집하여 평가한다.

○ 파일 하나에 시간의 흐름에 따라 수집될 내용을 추가해 나간다.

○ 포트폴리오에 수집된 내용은 유아의 작품, 활동 결과물, 활동사진, 비디오나 오디오 녹화물, 관찰 기록지 등을 포함시킨다.

○ 아동의 작품에는 아동, 교사의 논평을 첨가하고, 부모의 논평이 필요할 때는 아동의 작품을 가정으로 보내어 부모의 논평을 기록한다.

○ 포트폴리오에 포함시킬 내용은 아동이 선정하는 것을 원칙으로 한다.

○ 포트폴리오에 넣을 자료에 반드시 날짜를 기록한다.

○ 다음 해로 인계할 포트폴리오에 넣을 항목은 아동, 교사 및 부모가 함께 결정한다.

○ 교사는 학기 말에 포트폴리오의 내용을 서술적으로 요약하여 아동의 가정으로 보낸다.

○ 학기 말에 아동의 교육활동 포트폴리오는 아동이 가정으로 가져가고, 인계할 포트폴리오는 유아교육기관에 보낸다.

○ 아동의 개인 정보들은 공개되지 않아야 하므로 아동의 교육활동 포트폴리오와 메인 포트폴리오는 분리해서 보관한다.

출처: 이해정 외(2018).

포트폴리오 평가 규정의 예 2

○ 포트폴리오 평가는 개별 아동에 대해 다양한 방법으로 자료를 수집하여 발달 적으로 적합한 실제를 제공하기 위함이다.

○ 포트폴리오에 수집될 항목은 교육과정 영역(신체운동·건강, 의사소통, 사회 관계, 예술경험, 자연탐구)별로 필수항목을 연 3회(학년 초, 1학기 말, 2학기 말)에 걸쳐 수집하고, 개별화된 포트폴리오 항목은 연중 수시로 첨가한다.

○ 아동 포트폴리오에 넣을 작품은 아동이 선정하는 것을 원칙으로 한다.

○ 아동의 작품에 아동, 교사, 부모의 논평을 첨가한다.

○ 포트폴리오 협의회는 연 4회를 기본으로 하며, 부모의 편의에 따라 시간과 장 소를 변경할 수 있다.

○ 다음 해로 인수인계할 포트폴리오에 넣을 항목은 아동, 교사, 부모가 함께 결 정한다.

○ 교사는 각 학기 말에 포트폴리오의 내용물을 서술적으로 요약하여 가정으로 보낸다.

○ 학기 말에 아동의 학습활동 포트폴리오는 아동이 가정으로 가져가고, 인수 포 트폴리오는 유아교육기관에 보관한다.

○ 아동의 개인적 정보는 공개되지 않으며, 이는 아동의 교육활동 포트폴리오와 분리해서 보관한다.

출처: 황해익, 송연숙, 정혜영, 유수경(2014).

　포트폴리오 평가 규정을 구성하면 포트폴리오 평가에 대한 이해를 돕기 위 해 아동과 가족에게 안내하고 설명해야 한다. 즉, 아동에게 활동을 하는 과정 과 결과물에 대해 자기 평가하는 방법을 안내해 주고, 가족에게는 아동의 활 동 결과물이 어떤 의미를 가지는지, 어떻게 상호작용해 주어야 하는지 설명 해 주어야 한다. 이러한 안내와 설명은 포트폴리오 평가 참여자에게 협조를 이끌어 낼 수 있고 포트폴리오의 의미를 이해시킬 수 있다.

　포트폴리오 평가를 계획하는 단계에서는 목적을 설정하고, 구성내용을 선정하고 수집 방법을 계획하고, 평가 준거를 선정하고, 참여자에 대한 안내가 이루어져야 한다(황윤세, 양옥승, 2001; 황해익 외, 2009; Groulund, 1998; Macdonald, 1997).

첫째, 목적 설정하기

포트폴리오는 계획 단계에서 목표를 정확히 설정해야 한다. 아동의 결과물에 대한 수집이 전시할 목적인지, 아동의 발달을 평가하기 위한 목적인지, 특정한 주제에 대한 아동의 심화활동 과정에서 나타난 아동의 사고 변화를 이해하기 위한 목적인지 등에 따라 포트폴리오에 수집할 내용이 달라진다. 목적을 설정하면 포트폴리오 구성의 주체와 수집 자료의 정류와 범위, 평가의 주체와 활용 방법 등이 결정된다.

둘째, 구성내용 설정하기

포트폴리오의 계획 단계에서 수집할 자료의 내용과 항목을 고려해야 한다. 수집 가능한 범위를 고려하여 계획을 세우고 아동의 참여 정도, 참여 방법에 대한 것도 생각해 본다. 포트폴리오의 목적에 따라 수집할 수 있는 자료의 유형은 달라질 수 있다.

셋째, 수집 방법 계획하기

포트폴리오의 구성내용이 결정되면 자료를 어떤 방법으로 수집할 것인지 계획해야 한다. 이 단계에서는 자료를 수집할 시기와 수집 방법, 수집 주체에 대해 구체적으로 계획한다.

넷째, 평가 준거 선정하기

포트폴리오 평가는 어떠한 내용을 어떠한 준거를 통해 평가할 것인지를 정해야 어떤 자료를 수집할 것인지가 결정된다. 예를 들어, 아동의 언어발달 능

력을 파악하기 위한 포트폴리오를 구성하기 위해 교사는 언어발달의 준거를
듣기, 말하기, 읽기, 쓰기의 네 가지 능력으로 정해 이와 관련된 아동의 결과
물을 수집할 수 있다.

　다섯째, 참여자에게 안내하기

　포트폴리오 평가의 목적에 맞는 성공적인 평가가 되기 위해서는 포트폴리
오 평가에 참여하는 자들의 이해가 필수적이다. 즉, 교사, 아동, 부모에게 포
트폴리오 평가에 대한 안내와 설명을 해야 한다. 교사에게는 비형식적이고
질적인 방법으로서의 포트폴리오 평가에 대해 안내하고, 구체적인 평가목
적, 평가과정, 평가 방법, 활용 방법 등에 대한 연수를 실시한다. 아동에게는
학기 초에 포트폴리오의 의미와 자료 수집 방법에 대해 소개하고 스스로 자
료를 수집할 수 있도록 안내한다. 부모에게는 포트폴리오 평가에 대한 안내
를 통해 부모의 이해를 돕고, 포트폴리오 구성과정에 적극적으로 참여할 수
있도록 이끈다.

　포트폴리오 평가 계획을 위한 체크리스트를 세워 진행하면 효과적이
다. 포트폴리오 평가 구성을 위한 계획을 위한 체크리스트 양식의 예는 〈표
6-5〉와 같다.

표 6-5　포트폴리오 평가 계획을 위한 체크리스트 양식

1. 포트폴리오에 무엇을 포함시킬 것인가?
   □활동표본 □일지(저널) □교사평가 □자기평가 □가장 잘한 활동의 예
   □평가과정 기록

2. 포트폴리오는 어떻게 구성할 것인가?
   □발달범주별 □표준보육과정 영역별 □누리과정 영역별 □생활주제별
   □교과 영역별

3. 포트폴리오 내용은 어떻게 수집할 것인가?
　　□보관함(상자, 파일, 스크랩북…)　□내용 목차　□작업 표본　□관찰과 기록
　　□자기반영　□조언 자료

4. 포트폴리오 평가에 누구를 포함시킬 것인가?
　　□대상 아동　□원장/원감　□주임교사　□담당교사　□동료교사　□또래　□부모

5. 포트폴리오를 어떻게 공유할 것인가?

6. 포트폴리오 평가결과는 어떻게 보고할 것인가?

포트폴리오 구성의 예는 〈표 6-6〉과 같다.

표 6-6　포트폴리오 구성의 예

발달범주	표준보육과정 영역	누리과정 영역	생활주제	교과 영역
• 신체발달 • 인지발달 • 언어발달 • 정서발달 • 사회발달	• 기본생활 • 신체운동 • 의사소통 • 사회관계 • 예술경험 • 자연탐구	• 신체운동-건강 • 의사소통 • 사회관계 • 예술경험 • 자연탐구	• 어린이집과 친구 • 나와 가족 • 우리 동네 • 동식물 • 건강과 안전 • 생활도구 • 교통기관 • 우리나라 • 세계 여러 나라 • 봄-여름-가을-겨울 • 환경과 생활	• 언어 • 수학 • 과학 • 미술 • 음악 • 동작

　이와 함께 포트폴리오 평가를 위한 계획 단계에서부터 수집자료에 대한 고려가 필요하다. 아동의 성장·발달을 나타내는 포트폴리오를 구성하기 위해서는 다양한 교육활동에서 자료를 수집하고 선택해야 한다. 포트폴리오에 들

어갈 항목은 아주 다양하다. 포트폴리오에 들어갈 항목으로는 다음과 같은 자료가 포함될 수 있다(김혜윤, 김길숙, 좌승화, 최애경, 2018; Gelfer & Perkins, 1998).

- 아동이 선택한 다양한 작업, 그림, 입체 작품, 단어 목록, 블록 구성물의 사진, 이야기 나누기 시간의 아이디어, 스토리텔링이나 의견발표에 대한 녹음자료, 경험이나 프로젝트 사진, 프로젝트 동영상 자료가 있다.
- 교사의 관찰에 의한 일화 기록, 아동발달에 대한 발달 체크리스트, 아동의 적응기록부, 아동의 발달기록부, 교사가 보고한 아동 자신의 정기적 자기평가, 교사와 아동의 인터뷰 기록, 일지가 있다.
- 학부모의 관찰, 학부모-교사 협의보고서, 학부모-교사 간 소통 등에 대한 목록과 설명 등이 있다.

2) 포트폴리오 평가를 위한 자료 수집하기

(1) 보관함 준비하기

포트폴리오 평가를 위한 자료를 수집하기 전에 어디에 수집할 것인지 보관 장소를 결정해야 한다. 다양한 작품과 활동 결과물을 고려하여 상자, 바인더, 파일, 서류 봉투, 스크랩북 등을 준비한다.

효과적으로 자료를 수집 보관하기 위해서 다음의 사항을 고려하여 포트폴리오 보관함을 구성할 수 있다(Macdonald, 1997).

- 보관함은 몇 부분으로 나누어 특정 기간 동안 수집한 자료를 한 달이나 두 달 간격으로 구분할 수 있어야 한다.
- 보관함은 아동이 유아교육기관에서 경험하게 되는 모든 활동의 결과물을 포함할 수 있도록 해야 한다.
- 보관함은 최소의 공간을 차지해야 한다.

- 보관함은 저렴한 것이나 재활용품을 이용한다.
- 파일이나 바인더는 내용물 보관 속지를 보충할 수 있는 형태가 좋다.

최근에는 다양한 디지털 매체가 발달하면서 디지털 캠코더, 카메라, 스캐너 등을 이용한 전자 포트폴리오 평가 방법이 활용되고 있다. 작품, 사진, 그림, 음악, 발표, 극놀이, 동작활동 등과 같은 자료 수집 시 디지털 매체를 이용할 수 있다. 디지털 매체를 활용하면 수집한 자료를 장기간 저장할 수 있고, 부모와 편리하게 공유할 수 있다.

디지털 매체를 활용한 전자 포트폴리오 평가 방법의 효과

○ 아동의 작품을 디지털로 저장할 수 있다. 아동의 실물 작품을 가정으로 보내면 교사는 자료를 볼 수 없게 되지만 전자 포트폴리오는 아동, 동료 교사, 부모, 교육관계자 등과 작품을 공유할 수 있다. 또한 웹 연결을 통해 더 많은 사람들의 피드백을 받고 원하는 시간, 원하는 장소에서 수시로 접근할 수 있다.

○ 전자 포트폴리오는 아동의 활동 연대순으로 정리하기 편리하여 시간의 흐름에 따라 아동의 발달 상황을 관찰할 수 있다.

○ 전자 포트폴리오를 평가할 때 평가자는 시간과 장소에 구애받지 않고 아동의 작품을 볼 수 있다. 다량의 작품과 기록물을 디지털화하여 간편하게 저장함으로써 평가자는 편한 시간과 장소에서 평가를 실행할 수 있고 아동은 자신의 작품을 수시로 볼 수 있어 자기반성의 기회를 넓힐 수 있다.

○ 아동이 전자 포트폴리오를 만드는 것에 참여함으로써 동기가 부여되고, 주도성을 가지게 된다. 아동의 작품을 완성하는 과정에서 성취감을 느끼게 되고 작품을 봄으로써 작품에 대한 애착과 책임감을 가지게 된다.

○ 전자 포트폴리오는 다양하고 많은 자료를 파일로 저장하여 평가에 활용할 수 있고, 컴퓨터나 스마트폰을 이용해 부모나 여러 사람과의 공유가 가능하다. 따라서 부모의 참여를 쉽게 이끌어 낼 수 있다.

출처: 권현주(2005), pp. 18-19.

(2) 내용 목차 정하기

포트폴리오 구성내용을 쉽게 파악하기 위해 내용물에 대한 목차를 정해두면 좋다. 목차에는 포트폴리오 평가에 포함되는 수집 자료의 영역, 수집 날짜, 자료의 형태(원본, 복사물, 녹음자료, 사진, 동영상) 등을 기록한다.

목록에서 파악된 내용을 보고 수집한 자료가 비교적 부족한 영역의 자료를 채우기 위해 아동에게 의도적으로 요구하는 것은 바람직하지 않다. 목록에서 파악된 내용은 아동의 개인 차를 보여 주는 자료가 되기도 한다.

표 6-7 포트폴리오 내용 목차

영역	항목	날짜(형태)	날짜(형태)	날짜(형태)	날짜(형태)	날짜(형태)
신체운동 · 건강	대근육/ 소근육	3/7 (동영상)				
	건강					
	안전					
	기타					
의사소통	읽기/쓰기	3/29(원본)				
	말하기/듣기					
	기타					
사회관계	협동					
	상호작용					
	기타					
예술경험	음률	4/2(녹음)				
	조형					
	신체표현					
	기타					
자연탐구	수					
	과학					
	탐구 태도					
	기타					

출처: 김혜윤, 김길숙, 좌승화, 최애경(2018).

(3) 작업 표본 수집하기

작업 표본은 아동이 활동 과정에서 만든 다양한 결과물을 의미한다. 아동의 그림, 입체 작품, 글쓰기 작품, 읽은 책의 목록, 활동사진, 활동영상, 아동의 발화 내용 기록물 또는 녹음자료, 협동 작품, 아동에 대한 교사의 관찰 기록, 부모와 가정의 의견 기록 등이 작업 표본이 될 수 있다. 포트폴리오 평가는 개별 아동에 대한 기록임으로 자료의 내용과 수준을 획일적으로 일치시킬 필요가 없다. 또한 아동의 특정 발달 상황을 평가하기 위해 인위적으로 과제를 할당하지 않아야 한다.

작업 표본을 수집하는 과정에서 사회성 발달의 특성과 신체표현과 같이 직접적인 결과물을 남기기 어려운 경우, 대형 작품이나 입체물과 같이 포트폴리오에 넣어 보관하기 어려운 경우, 아동이 작품을 집으로 가져가는 경우에는 디지털 매체를 활용하여 작업 표본을 수집한 후 파일로 저장할 수 있다.

▶ 그림책 대여프로그램에 활용된 그림책 통장 & 활동지 & 대출 현황 리스트

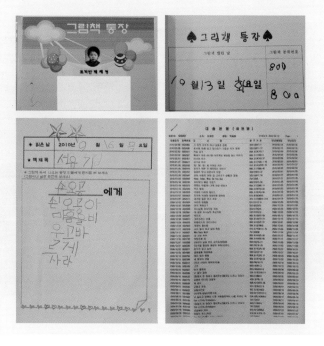

▶ 가정과 연계한 기본생활습관 프로그램의 안내문 & 활동사진

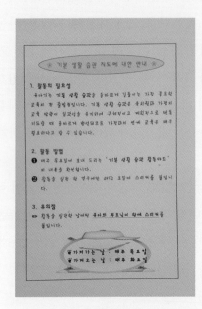
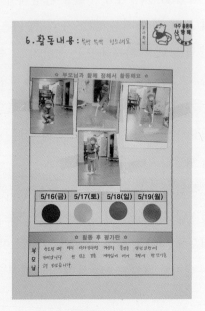

▶ 가정과 연계한 일상생활을 통한 수학 활동의 활동사진

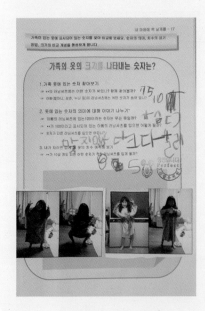
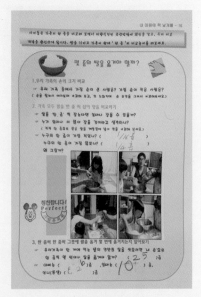

(4) 관찰과 기록하기

포트폴리오 평가를 위한 자료 수집에는 일화기록, 체크리스트, 평정척도와 같은 교사의 관찰 자료도 포함된다. 아동이 일상에서 보이는 행동을 교사가 관찰하여 기록한 자료는 아동의 발달 특성에 대한 정보를 제공해 준다.

(5) 자기 반영 및 조언 자료 수집하기

포트폴리오 평가의 수집에는 아동의 활동에 대한 자기 평가, 교사, 또래, 부모와 가정에서의 의견과 피드백 등을 기록한 자료가 포함된다. 아동은 자신의 활동에 대한 자기 반영을 기록으로 남길 수 있고, 교사, 또래, 부모와 가정은 아동의 작품에 칭찬하고 싶은 점, 새로운 점, 보완할 점, 진보한 점 등을 찾아 말로 전하거나 기록할 수 있다. 또래와 포트폴리오를 공유하면서 아동은 친구가 활동에서 사용한 성공적인 전략, 새로운 방법을 배울 수 있고, 친구가 어려워하는 부분을 알고 도움을 줄 수도 있고, 친구의 특별한 재능을 발견할 수도 있다. 이러한 과정을 통해 아동은 놀이와 활동을 위한 새로운 목표를 세워 실행할 수 있다.

다음은 아동의 자기 반영을 도울 수 있는 교사의 질문 내용이다(황해익 외, 2001).

- 제목을 무엇으로 짓고 싶니?
- 어떤 재료를 이용해서 만들었니?
- 어떤 방법으로 만들었니?
- 어떤 점을 소개하고 싶니?
- 어떤 점을 바꿔 보고 싶니?
- 또 어떤 방법으로도 해 볼 수 있을까?
- 어떤 점이 힘들었니?

- 흔든 상황에서 어떻게 해결했니?

- 계획대로 완성되었니?

- 계획한 것과 달라진 점이 있니?

- 왜 처음 계획과 달라졌니?

- 하는 동안 어떤 기분이 들었니?

- 하는 동안 새롭게 알게 된 것이 있니?

- 친구들에게 가르쳐 주고 싶은 것이 있니?

- 다음번에는 무엇을 만들어 보고 싶니?

다른 아동의 결과물에 대해 또래의 생각이나 의견을 확인하기 위해 다음의
또래용 조언 기록지를 이용할 수 있다.

표 6-8 또래용 조언 기록지

나의 이름: 날짜:
○ 친구의 작품 중에 무엇이 멋진가요?
○ 친구의 작품에서 어떤 점을 칭찬하고 싶나요?
○ 함께 만든다면 어떤 부분을 새롭게 하고 싶나요?

출처: 황해익(2009).

또한 아동의 활동 결과물을 가정에 보내어 부모의 의견과 피드백을 반영할
수 있도록 다음의 활동에 대한 부모 조언 양식을 활용하여 가정과 연계할 수
있다.

활동에 대한 부모 조언 양식의 예

"아동의 활동에 대해 이야기해 주세요."

• 활동명:

• 아동명:

• 날짜:

• 자녀와 함께 오늘 만든 작품의 의미에 대해 이야기해 주세요.
  예: "무엇을 표현한 거니?" / "왜 이것을 그리고 싶었어?"

• 오늘 만든 작품에서 멋진 점과 무엇인지 함께 이야기해 주세요.
  예: "아빠는 이 그림에서 ~한 게 참 좋구나. 너는 어떤 점이 마음에 드니?"

• 다음에는 어떤 점을 더 첨가하면 좋을지 함께 이야기해 주세요.
  예: "다음에 또 이걸 그리면 뭐가 더 있었으면 좋겠어?"

• 그 밖에 부모님의 의견을 말씀해 주세요.

출처: 성미영 외(2017).

3) 포트폴리오 평가를 위한 조직과 관리하기

포트폴리오 평가를 위해 수집한 자료는 내용목록에 따라 조직하고 관리한다. 포트폴리오 자료를 보다 효율적이고 체계적인 조직과 관리를 위해 다음의 사항을 고려할 수 있다(이정환, 박은혜, 2009).

• 포트폴리오를 조직하는 기준을 마련한다. 예를 들어, 생활 영역별, 흥미 영역별, 활동 종류별 등과 같은 기준을 정한다.

- 포트폴리오에 들어가는 내용마다 날짜를 기록한다.
- 각 아동마다 똑같은 포트폴리오를 가지는지 파악한다.
- 내용물을 넣을 장소와 도구로 적합한 보관함을 정한다.
- 교사가 당장 할 수 있는 자신 있는 것부터 시작한다. 즉, 복잡한 계획으로 시작하기보다 일단 한두 가지 평가 방법이나 발달 영역에 익숙해지면 다음으로 넘어간다.
- 평가가 하루 일과에서 정규적으로 이루어지는 일부가 되도록 한다. 즉, 자료의 수집을 규칙적으로 해서 모든 아동이 익숙해지도록 하고, 자료 수집 과정에서 아동의 행동이나 대화를 방해하지 않도록 주의한다.
- 아동의 작품을 학기 초부터 수집해 놓은 습관을 들인다.

4) 포트폴리오 평가를 위한 해석 및 활용하기

포트폴리오 평가를 위한 해석 및 활용하기 단계에서는 한 학기 혹은 한 해 동안 포트폴리오에 수집된 많은 정보를 요약하여 서술한 포트폴리오 요약서 작성, 다른 반 아동 및 교사, 학부모와 활동과정을 공유하고 피드백을 받을 수 있는 포트폴리오 전시회 개최, 다음 해의 교사가 아동을 파악하기 위해 이용할 수 있는 인수 포트폴리오 준비가 이루어진다. 누리과정 영역별로 작성할 수 있는 포트폴리오 요약서의 예시는 다음과 같다.

표 6-9 **포트폴리오 요약서**

아동명		생년월일	
기록자		기록일	
주요 발달 영역	내용		
신체운동 · 건강			

의사소통	
사회관계	
예술경험	
자연탐구	
전체 발달에 대한	
부모님 의견 및 제안	

포트폴리오 평가 해석 시 고려해야 할 점은 다음과 같다(안선희 외, 2015).

- 활동 사례나 작업 표본이 평가하고자 하는 내용을 대표하는 것인지, 시간, 맥락, 방법적인 면에서 일관성이 있는지, 실제와 일치하는지 확인한 후 해석해야 한다.
- 포트폴리오 계획 시의 교육적·발달적 목표에 따라 자료에서 얻은 정보를 요약하여 편집한다.
- 대상 아동에 대한 주관적인 편견을 배제하고 객관적인 해석을 해야 한다.
- 한 번에 한 아동에 대한 정보를 편집하고, 영역별 해석을 한다.
- 아동의 고유한 특성 변화, 초기 작업 샘플과 현재의 것을 비교하거나, 바람직한 성장 변화를 요약한다.
- 교사는 포트폴리오 검토에 아동과 부모를 참여하게 한다.
- 아동의 작품과 교사의 관찰 기록을 적절하게 조화시켜 판단한다.
- 객관적이고 공정한 평가를 위해 아동의 성취 정도, 성장·발달 정도, 장점, 개선할 점 등을 평가하여 기술한다.

4. 포트폴리오 평가의 장점과 단점

포트폴리오 평가의 장점과 단점에 대해 살펴보면 다음과 같다(전남련, 김재환, 이혜배, 2007; 황해익, 2009; Wortham, 2008).

1) 포트폴리오의 장점

포트폴리오 평가의 장점을 제시하면 다음과 같다.

첫째, 포트폴리오 평가에서 아동은 자신의 작품을 선택하고 자신의 작품에 대한 반성을 통해 자신의 진보를 확인할 수 있으므로 주도성, 자신감, 성취감을 가지게 된다.

둘째, 포트폴리오 평가는 아동의 진보에 대한 구체적인 자료를 제시하여 부모가 자녀의 작품을 이해하고 발달 수준을 잘 파악하도록 돕는다. 부모가 평가과정에 참여하게 함으로써 교육에 대한 관심을 증진시키고 교육적 효과를 높이게 된다.

셋째, 포트폴리오 평가는 아동의 장점에 초점을 맞추고 있어 아동이 할 수 없는 것이 아니라 할 수 있는 것에 관심을 가지게 해 준다.

넷째, 포트폴리오 평가는 매일의 교육활동 속에서 이루어지므로 교육과정을 계획하고 수정하는 데 이용될 수 있다.

다섯째, 포트폴리오 평가는 아동에 대한 다양한 정보를 제공하므로 아동의 성장과 발달을 파악하는 데 도움을 준다.

여섯째, 포트폴리오 평가는 개별 아동에게 가장 적절하고 효과적이며, 발달적으로 적합한 평가가 가능하게 해 준다.

일곱째, 포트폴리오 평가는 모든 일과와 교육활동 과정을 평가함으로 총체적 평가가 가능하게 해 준다.

여덟째, 포트폴리오 평가는 아동, 또래, 교사, 부모가 참여하게 되면서 아동과 아동, 아동과 교사, 교사와 교사, 아동과 부모, 교사와 부모 간의 다양한 협력 관계가 일어나 아동은 타인과 협동을 경험하게 된다.

2) 포트폴리오의 단점

포트폴리오 평가의 단점을 제시하면 다음과 같다.

첫째, 포트폴리오 평가는 아동의 작품을 지속적으로 수집하고 정리하고 평가해야 하므로 교사의 시간과 노력이 많이 소요된다.

둘째, 포트폴리오 평가는 교사가 평가의 목적과 방법에 대한 분명한 이해가 없이 실행되면 단순히 아동의 작품을 모아 놓은 수집물이 될 수 있다.

셋째, 포트폴리오 평가는 교사가 아동의 발달에 대한 지식과 개인의 감정에 따라 교사의 편견이 작용할 가능성이 높다.

넷째, 포트폴리오 평가는 자료를 정리하고 보관할 수 있는 충분한 공간이 필요하다.

다섯째, 포트폴리오 평가는 내용 타당성, 평가 결과에 대한 타당도와 신뢰도를 확보하기 어렵다.

이상에서 살펴본 포트폴리오 평가는 아동, 교사, 부모에게 있어 긍정적인 측면뿐 아니라 부정적인 측면도 함께 지닌다는 사실을 알 수 있다. 따라서 포트폴리오 평가를 계획하고 실행할 때 장단점을 고려하여 활용해야 할 것이다.

제7장

누리과정과
유아평가

1. 누리과정의 개정

누리과정 개정 취지를 살펴보면, '2019 개정 누리과정'은 새로운 시대의 요구에 따라 교육내용을 간략화하였고, 유아가 주도하는 놀이를 통해 배움이 구현될 수 있도록 유아·놀이 중심의 교육과정으로 나아가고자 하였다는 의미에서 미래 사회에 부응하는 새로운 교육과정이라고 할 수 있다. 또한 개정 누리과정은 교사가 유아 놀이의 가치와 의미를 이해하고, 유아의 놀이를 통한 배움을 지원하도록 하는 데 중점을 두었기에 유아의 놀이가 중심이 되는 교육과정이라고 볼 수 있다. 개정 누리과정은 교사가 자율성을 기반으로 유아가 놀이하며 배운다는 가치를 믿고 유아가 중심이 되고 놀이가 살아나는 교육과정을 유아와 함께 실천해 갈 수 있도록 국가수준의 공통 기준을 최소화하여 교사의 자율성과 다양성을 존중하였다(교육부, 보건복지부, 2019a). 이러한 개정 취지에 따라 '2019 개정 누리과정'은 3~5세 유아의 출발점을 같도록 하는데 목적을 두고, 추구하는 인간상을 건강한 사람, 자주적인 사람, 창의적인 사람, 감성이 풍부한 사람, 더불어 함께하는 사람으로 명시하였다(교육부, 보건복지부, 2019a). 특히 '2019 개정 누리과정'은 유아·놀이중심 교육과정으로 유아와 놀이를 분리해서 이해할 수 없다. 유아의 삶 자체인 놀이를 깊이 이해하고 지원하기 위해서는 유아의 놀이를 관찰하고 놀이의 의미를 해석하고 평가하는 일은 매우 중요하며 다른 배움과 성장을 지원하는 의미 있는 과정이므로 놀이, 경험, 기억은 모두 배움이 되고, 유아를 위한 교육과정과 놀이는 늘 같이 있어야 한다(교육부, 육아정책연구소, 2019).

2. 누리과정의 구성

개정 누리과정에서는 유아가 놀이를 통해 경험하는 배움을 신체운동·건강, 의사소통, 사회관계, 예술경험, 자연탐구의 5개 영역으로 유지하면서 각 영역에 포함되는 범주와 내용을 간략화하였다. 각 영역은 3개씩 총 15개의 내용범주로 구성하였고, 각 영역에 포함된 내용은 신체운동·건강 영역 12개, 의사소통 영역 12개, 사회관계 영역 12개, 예술경험 영역 10개, 자연탐구 영역 13개로 총 59개의 내용으로 구성하여 안내하고 있다. 59개의 내용은 연령으로 구분하지 않고 3~5세의 모든 유아가 놀이를 통해 경험하게 되는 배움의 내용으로 구성하였다. 교사는 59개의 내용을 가르쳐야 할 내용이 아니라 유아가 놀이를 통해 배우는 경험으로 이해할 필요가 있다. 이를 위해 개정 누리과정은 영역별 내용에 대한 설명은 '내용 이해'로, 유아가 유치원과 어린이집에서 경험하는 내용은 '유아 경험의 실제'로 연계하여 제시하였다. 유아의 놀이 경험은 통합적으로 이루어지므로 '유아 경험의 실제'는 '내용 이해'와 일대일 대응으로 제시된 것은 아니다. 또한 영역별 해설의 마지막 '○○ 영역의 통합적 이해'에서는 놀이 사례를 하나씩 제시하고, 5개 영역의 내용이 어떻게 통합적으로 나타나는지 해설하였다. '유아 경험의 실제'와 '○○ 영역의 통합적 이해'는 놀이 분석 사례나 평가의 예시가 아니라 교사가 유아의 놀이에서 이루어지는 배움을 이해할 수 있도록 돕기 위한 설명이므로 유아의 놀이에서 나타나는 의미와 배움을 연계하여 이해하는 데 활용할 수 있다. 개정 누리과정 해설서에 제시된 59개의 내용을 유아의 발달 및 성취기준으로 인식하여 개별 유아의 놀이를 관찰하고 평가하는 틀로 활용하지 않도록 유의해야 한다 (교육부, 보건복지부, 2019a).

　유아 · 놀이 중심교육과정에서 유아는 자신의 흥미와 관심에 따라 적합한 방식으로 놀이하기 때문에 유아가 놀이하며 배우는 다양한 상황에 따라 적절한 교육적 지원을 할 수 있도록 교사의 자율성을 강조하고 있다. 교사는 유아의 놀이에서 경험하는 배움을 지원하기 위해서 유아의 놀이에 주목하여 관찰하고 이를 기록하여 유아의 놀이 지원을 위한 판단의 근거로 삼아야 한다. 교사는 계획안을 활용하여 유아의 실제 놀이를 기록하고, 교사의 지원 내용을 함께 작성할 수 있다. 이렇듯 유아가 놀이를 통해 최적의 발달이 이루어지도록 지원하기 위해서는 교사가 유아의 발달 정도를 파악하고 유아가 놀이를 통해 경험하는 배움을 이해할 수 있어야 한다. 따라서 교사는 개정 누리과정의 구성에 대한 전반적인 이해가 있어야 하고, 교육과정에 기초한 평가가 필수적으로 이루어져야 한다.

　개정 누리과정에 제시된 추구하는 인간상, 목적, 목표, 영역별 목표 및 내용 해설을 살펴보면 〈표 7-1〉과 같다(교육부, 보건복지부, 2019a).

　유아의 놀이에서 이루어지는 배움을 이해하도록 돕고자 '2019 개정 누리과정'에서 제시하고 있는 5개 영역 중 신체운동 · 건강 영역은 다음을 참조하라 (교육부, 보건복지부, 2019a).

표 7-1 개정 누리과정의 구성

추구하는 인간상	• 건강한 사람, 자주적인 사람, 창의적인 사람, 감성이 풍부한 사람, 더불어 사는 사람				
목적	• 유아가 놀이를 통해 심신의 건강과 조화로운 발달을 이루고 바른 인성과 민주 시민의 기초를 형성하는 데에 있다.				
목표	• 자신의 소중함을 알고, 건강하고 안전한 생활 습관을 기른다. • 자신의 일을 스스로 해결하는 기초능력을 기른다. • 호기심과 탐구심을 가지고 상상력과 창의력을 기른다. • 일상에서 아름다움을 느끼고 문화적 감수성을 기른다. • 사람과 자연을 존중하고 배려하며 소통하는 태도를 기른다.				
	놀이, 일상생활, 활동				
누리과정 영역	신체운동·건강	의사소통	사회관계	예술경험	자연탐구
영역별 목표	실내외에서 신체활동을 즐기고, 건강하고 안전한 생활을 한다.	일상생활에 필요한 의사소통 능력과 상상력을 기른다.	자신을 존중하고 더불어 생활하는 태도를 가진다.	아름다움과 예술에 관심을 가지고 창의적 표현을 즐긴다.	탐구하는 과정을 즐기고, 자연과 더불어 살아가는 태도를 가진다.

 개정 누리과정에 포함된 5개 영역의 목표, 범주 및 내용에 대한 상세한 내용은 '2019 개정 누리과정 해설서'를 참고해 주세요.

3. 누리과정 평가

개정 누리과정에서 평가는 유치원과 어린이집에서 유아·놀이 중심의 누리과정이 운영되고 있는지 되돌아보고 개선해 가는 과정을 의미한다. 개정 누리과정은 유치원과 어린이집에서 유아·놀이 중심 교육과정을 운영하는 데 도움이 되고자 평가를 간략화하고 각 기관의 자율적인 평가를 강조하였다. 따라서 유치원과 어린이집은 평가의 목적, 대상, 방법, 결과의 활용을 바탕으로 누리과정 평가를 자율적으로 실시할 수 있다. 개정 누리과정 해설서에서 제시하고 있는 평가의 내용을 중심으로 살펴보면 다음과 같다(교육부, 보건복지부, 2019).

평가는 다음 사항에 중점을 두고 실시한다.
가. 누리과정 운영의 질을 진단하고 개선하기 위해 평가를 계획하고 실시한다.
나. 유아의 특성 및 변화 정도와 누리과정의 운영을 평가한다.
다. 평가의 목적에 따라 적합한 방법을 사용하여 평가한다.
라. 평가의 결과는 유아에 대한 이해와 누리과정 운영 개선을 위한 자료로 활용할 수 있다.

가. 누리과정 운영의 질을 진단하고 개선하기 위해 평가를 계획하고 실시한다.
평가의 목적은 유아가 중심이 되고 놀이가 살아나는 누리과정 운영을 자체적으로 평가하여, 누리과정 운영의 질을 진단하고 누리과정 운영을 보다 나은 방향으로 개선하는 데 있다. 유치원과 어린이집에서는 지역 특성, 각 기관 및 학급(반)의 상황과 요구를 고려하여, 누리과정 운영을 개선할 수 있도록 자율적으로 평가 계획을 수립한다. 평가의 내용, 평가 주기 및 시기, 평가 방법 등에 대한 계획은 각 기관 구성원 간의 민주적인 협의를 통해 정한다.

나. 유아의 특성 및 변화 정도와 누리과정의 운영을 평가한다.
평가는 유아 평가과 누리과정의 운영 평가로 이루어진다.
유아 평가는 궁극적으로 유아의 행복과 전인적 발달을 지원하는 데 그 목적이 있다. 교사는 유아의 놀이, 일상생활, 활동 속에서 유아의 고유한 특성이나 의미 있는 변화를 발견하고, 그것을 바탕으로 유아의 배움과 성장을 돕기 위하여 평가를 할 수 있다. 교사는 유아의 배움이 나타나는 놀이, 일상생활, 활동에서 유아가 가장 즐기고 잘하는 것, 놀이의 특성, 흥미와 관심, 친구 관계, 놀이를 이어가기 위한 자료의 활용 등에 주목하여 유아 놀이를 관찰하고 이를 통해 유아의 특성과 변화를 이해하도록 한다.

누리과정 운영 평가는 유치원과 어린이집의 교육과정이 유아·놀이 중심으로 적절하게 운용되고 있는지 평가하는 데 그 목적이 있다. 유치원과 어린이집의 누리과정 운영 평가에서는 놀이시간을 충분히 운영하였는지, 유아 주도적인 놀이와 배움이 이루어지고 있는지, 놀이 지원이 적절한지 등을 평가할 수 있다. 이는 놀이 속에서 나타나는 유아의 특성 및 변화 정도와 연계하여 파악할 수 있다. 필요에 따라 부모와의 협력이나 행정적·재정적 지원이 적절하게 이루어지고 있는지 등을 평가할 수도 있다.

다. 평가의 목적에 따라 적합한 방법을 사용하여 평가한다.

평가 방법은 평가의 목적과 대상에 따라 달라질 수 있다. 유치원과 어린이집은 평가 목적에 가장 적합한 평가 방법을 자율적으로 정하여 활용할 수 있다. 교사는 유아의 특성과 변화 정도를 파악하기 위하여 유아의 실제 놀이 모습을 계획안에 기록할 수 있고, 놀이 결과물과 작품 등을 일상적으로 수집할 수 있다. 유아들의 놀이를 관찰할 때에는 유아의 말, 몸짓, 표정 등에서 드러나는 놀이의 의미와 특성에 주목하여 이 중 필요한 내용을 메모나 사진 등 교사가 할 수 있는 가장 용이한 방법으로 기록한다. 이러한 관찰기록 자료는 교실에서 자율적으로 수립한 계획안에 포함하여 유아의 특성과 변화 정도를 파악하는 데 활용할 수 있다.

유치원과 어린이집의 누리과정 운영에 대한 평가는 개선이 필요한 사항에 따라 자율적으로 실시할 수 있다. 기관별, 학급별 상황이나 필요성에 따라 적합한 방법을 선택하여 누리과정 운영을 평가한다.

개정 누리과정에서는 교사가 유아의 놀이 관찰기록, 유아 평가와 누리과정 운영 평가 등 평가 자료를 만들고 수집하는 데 과도한 노력을 기울이기보다는 유아의 놀이에 더 집중하고 지원하는 것이 중요함을 강조하고 있다. 교사는 개별 유아를 정기적으로 관찰하기보다는 배움이 나타나는 또래 간의 놀이나 활동 등 유아들이 일상에서 놀이하며 배우는 자연스러운 상황에서 유아의 특성과 변화를 이해하는 평가를 하도록 한다. 또한 5개 영역 59개 내용을 성취기준으로 잘못 인식하여 유아의 놀이에서 59개 내용이 나타나는지 여부만을 체크하지 않도록 유의한다.

라. 평가의 결과는 유아에 대한 이해와 누리과정 운영 개선을 위한 자료로 활용할 수
있다.

교사는 유아의 놀이, 일상생활, 활동을 통해 수집된 자료를 평가의 목적에 맞
게 종합하여 평가의 결과를 얻을 수 있다. 유아 평가의 결과는 유아가 행복감
을 느끼고 전인적으로 발달하도록 도움을 주는 데 활용한다. 또한 누리과정이
추구하는 인간상과 목적 및 목표 등에 비추어 유아의 특성과 변화 정도를 이
해하고 유아의 배움과 성장에 도움이 되도록 지원하는 데 활용한다. 수집된
모든 자료를 바탕으로 개별 유아의 특성과 변화 정도를 종합적으로 이해하여,
이를 부모와의 면담자료 및 유아의 생활지도 등에 활용할 수 있다. 한편, 유치
원과 어린이집에서 자율적인 방식을 통해 실시한 누리과정 운영 평가의 결과
는 각 기관에서 유아 · 놀이 중심 교육과정의 운영을 보다 나은 방향으로 개선
하는 데 활용할 수 있다.

출처: 교육부, 보건복지부(2019a). pp. 53-55.

개정 누리과정에서 유아중심 · 놀이중심 교육과정을 강조하면서 유치원과
어린이집에서는 유아의 놀이에 초점을 맞춰 관찰을 통한 평가가 이루어지고
있다. 이러한 평가과정에서 교사는 유아의 놀이를 세심하게 관찰하고 기록
하고, 다양한 결과물을 수집하여 누리과정의 내용을 기반으로 분석한다. 즉,
유아평가는 교사가 유아의 놀이를 관찰하고, 다양한 기록작업을 통해 유아
놀이의 의미를 파악하여 지원방안을 계획하는 과정이 효율적으로 이루어지
는지를 평가할 수 있어야 한다. 개정 누리과정의 '놀이실행자료'에서는 교사
의 역할과 평가와 관련된 내용을 예시와 함께 제시하고 있다. '놀이실행자료'
는 교사들이 개정 누리과정을 운영하면서 어려움이나 궁금증이 생길 때 제시
된 사례를 참고하여 유아의 놀이를 지원할 수 있도록 구성하였다. 먼저 '놀이
실행자료'는 개정 누리과정에 맞게 놀이를 잘 운영하기 위해 교사가 수행해
야 할 역할을 네 가지로 제시하고 있다. 각각을 교육과정의 변화와 연계하여
교사의 역할을 살펴보면 다음과 같다(교육부, 보건복지부, 2019b).

첫째, 유아·놀이 중심 교육과정 이해하고 실천하는 역할

개정 누리과정에서 일과는 놀이, 일상생활, 활동으로 구성되는데 특별히 '놀이'를 중심으로 일과를 편성할 것을 권장한다.

- 교사는 누리과정 총론 및 5개 영역의 내용을 숙지하고 유아의 놀이, 일상생활, 활동과 연계하여 교육과정을 운영하는데, 특별히 놀이하며 배우는 유능한 유아에 대한 이해가 우선되어야 한다.
- 누리과정 개정의 중점 중 하나는 놀이 중심 교육과정 운영이다. 따라서 누리과정을 잘 이해하고 실행하는 것은 일과에서 놀이시간을 충분히 제공하고 유아들의 흥미와 무관한 활동을 교사가 계획해서 실시하지 않는다는 것을 의미한다.
- 유아 및 놀이 중심이 강조된다고 하더라도 교사가 계획한 활동이나 법적으로 요구되는 활동(예: 안전교육)을 실시하되 유아가 주도적으로 즐겁게 참여하는 활동으로 진행하는 것이 중요하다. 이를 위해서는 유아의 놀이나 일상생활을 잘 관찰하고 이와 연계할 수 있는 활동을 실시하는 것이 필요하다.

둘째, 놀이를 통한 유아의 배움을 지원하는 역할

유아 중심 교육과정을 성공적으로 실행하기 위해서 교사는 유아를 교육과정 운영의 주체로서 교사와 함께 교육과정을 구성해 가는 공동 구성자로 인정해야 한다. 어떤 유아라도 자유롭게 놀이하고 그 안에서 배움을 구성할 수 있는 역량을 지닌 존재임을 신뢰하고 유아의 놀이를 잘 관찰해야 한다.

- 유아의 놀이를 잘 관찰하고 지원하기 위해서 교사는 교육과정 구성의 파트너로서 유아의 놀이를 주의 깊게 바라보고 유아가 경험하는 기쁨과 슬픔, 좌절과 감동을 함께 느끼고 공유할 수 있어야 한다.
- 유아의 놀이를 잘 관찰하기 위해서 교사는 유아를 이해하려는 민감성을 갖추려고 노력하는 동시에 유아가 놀이를 통해 경험하는 것, 스스로 배우는 것이 무엇인지 이해하려고 노력할 필요가 있다. 이때 유아들이 구성하고 만들어 내는 총체적 의미를 충분히 읽어내기 위해 노력해야 한다.
- 유아의 놀이를 지원하기 위해 교사는 놀이에 직접 참여하지 않고도 격려,

　　미소, 공감의 표정을 보이거나 칭찬과 격려의 말을 건네는 정서적 지원을 제공할 수 있다. 또한, 놀이를 관찰하다가 배움이 일어나도록 질문이나 제안을 건네 보는 등의 상호작용에 기반한 언어적 지원, 공간 구성을 바꾸어 주거나 새로운 자료를 제공하는 등의 환경적 지원을 할 수 있다.

- 환경적 지원을 할 때는 심미적·창의적 감수성을 키워 줄 수 있도록 공간과 자료를 제공해 주는 것이 중요하다.

셋째, 놀이와 배움을 기록하고 평가하는 역할

개정 누리과정은 교사가 선계획하여 '계획-실행-평가-계획'으로 이어지던 기존의 '선형적' 과정을 지양한다. 교사는 유아의 놀이, 일상생활, 활동을 잘 관찰하고 기록하다가 유아의 배움을 지원하기 위한 계획을 수립하는 것이 좋다. 특히, 개정 누리과정은 5가지 추구하는 인간상을 제시하고 있으므로 누리과정 목적과 목표 및 5개 영역별 목표와 내용을 유아의 성장 변화 및 교육과정 운영에 대한 판단의 근거로 삼을 수 있다.

- 유아의 배움을 잘 기록하고 평가하기 위해서 교사는 결과가 아닌 과정에 주목해야 한다.
- 개정 누리과정은 과도한 부담이 되는 평가의 형식을 탈피하고자 하였으므로 기록 및 평가에 있어서 틀에 맞춘 과도한 문서화를 요구하지 않으며 형식과 분량에 있어 기관별·학급별로 자율성을 부여한다.
- 진행된 주제 및 놀이나 활동에 따라 누리과정 5개 영역 중 일부 영역이나 인간상이 두드러질 수 있으므로 평가를 함에 있어서 단편적인 놀이 에피소드나 활동보다는 전개된 놀이와 일상생활, 활동에 대한 누적된 기록을 총체적으로 고려해야 한다.

넷째, 함께 배우며 성장하는 역할

기존 교육과정에서도 유아의 주도성과 놀이를 강조해 왔기 때문에, 유아·놀이 중심을 강조하는 개정 누리과정에 대해 교사는 무엇이 달라진 것인지 혼란을 느낄 수 있다. 만약 일과 속에서 "우리 언제 놀아요?" "정리 안 하고 계속 놀고 싶어요." "만든 거 안 부수면 안돼요?" "나는 쌓기놀이 못 했어요." "선생님다 했어요. 이제 가서 놀아도 돼요?"와 같은 유아의 소리를 자주 듣고 있다면 개정 누리과정이 강조하는 유아 주도적 놀이 중심교육과정의 운영을 위해 교사의 지속적인 성찰이 필요하다고 볼 수 있다.

- 놀이를 지원하는 과정에서 교사는 각 유아와 놀이의 특성을 고려하여 놀이를 언제, 어떻게 지원해야 할지에 대한 끊임없는 고민에 직면하게 된다. 적절한 상호작용의 순간을 놓치기도 하고 도움을 주려다 오히려 교사 주도가 되는 경험을 하기도 한다. 이렇게 정답이 없는 자율적인 교육과정을 운영하면서 교사는 한편으로 자신의 전문성을 인정받는 것 같아 보람도 느끼지만, 다른 한편으로 자신이 잘하고 있는지에 대한 불안감을 느낄 수도 있다. 그러나 이러한 고민과 불안감은 교사가 지속적으로 배움을 추구하게 만드는 원동력이 될 수도 있다.
- 개정 누리과정에서 강조하는 교육과정 운영의 자율성은 교사 개개인이 알아서 모든 것을 하는 의미가 아니다. 오히려 교사가 서로의 전문성을 인정하고 고민과 의견을 나누며 함께 배우고 성장하는 학습공동체를 자율적으로 구성하여 정서적으로 실천적인 지원이 이루어질 것을 기대한다. 교사의 계속적 성장과 배움이 일어나기 위해서는 유치원과 어린이집 기관 차원에서 그리고 나아가 시·도 및 국가 차원의 전폭적인 지원이 필요하다.

출처: 교육부, 보건복지부(2019b), pp. 11-15.

'놀이실행자료'에 제시된 '평가하기' 부분을 살펴보면 기관 및 학급 수준 교육과정 운영의 자율성을 강조하면서 평가 또한 방법과 시기에 대해 자율성을 가지도록 하고 있다. 따라서 교사는 관찰과 기록, 수집, 부모 설문지 등의 다양한 방법을 사용하여 유아와 누리과정 운영에 대한 평가를 실시한다(교육부, 보건복지부, 2019b).

1. 평가를 위한 자료 모으기

교육과정을 유아의 놀이와 일상생활, 활동 속에서 이루어지므로 교사는 유아의 놀이와 일상을 관찰하여 기록한다. 교사는 특히 유아의 놀이 과정을 관찰하여 평가에 필요한 자료를 모을 수 있다. 이때, 평가 자료의 수집과 기록 때문에 교사가 유아를 지원하는 데 어려움을 갖지 않도록 유의한다. 교사는 많이 기록해야 한다는 부담에서 벗어나 유아 관찰 기록 중 유아 이해 및 놀이 지원에 중요하고 의미 있다고 판단되는 자료를 선별한다. 자료를 수집할 때에는 효과적으로 내용을 조직할 수 있고, 기록을 쉽게 활용할 수 있으며 관리하는 데에도 시간이 덜 드는 방법을 활용하는 것이 좋다.

1) 다양한 방식으로 기록해 본다.

놀이 중심 교육과정이 잘 운영되기 위해서는 유아의 놀이를 중심으로 일과를 관찰하고 기록할 필요가 있다. 일과 중 관찰한 내용을 메모지에 핵심 단어 위주로 짧게 기록을 남기고 일과 후 상세한 내용을 보완할 수 있다. 이때 짧은 메모를 그대로 활용할 수도 있고, 유아명, 시간, 장소, 상황, 관련 누리과정 내용 등을 수기로 간단히 작성할 수 있다. 혹은 일일계획안의 평가란이나 일지 양식을 변형하여 관찰 및 평가 내용을 기록할 수도 있다.

2. 자료 활용하여 평가하기

평가는 유아 평가와 누리과정 운영 평가로 나누어 볼 수 있다. 유아 평가는 유아의 고유한 특성과 시간의 흐름에 따라 변화를 이해하고자 하는 것이다. 누리과정 운영 평가는 놀이, 일상생활, 활동이 잘 연계되어 유아에게 의미 있는 통합적 경험의 내용으로 운영되었는지를 알아보는 것이다. 유아 평가와 누리과정 운영 평가는 유치원과 어린이집의 상황이나 필요에 따라 가장 적합한 방법을 선택하여 자율적으로 실시한다.

1) 유아의 특성 및 변화 정도를 평가한다.

유아 평가는 일상생활 및 놀이 과정에서 이루어질 수 있다. 유아의 놀이에 대한 기록(예: 계획안 또는 일지에 기록한 유아들의 실제 놀이 모습, 유아의 놀이 결과물, 작품, 사진이나 동영상 등)을 통해 유아의 흥미와 관심, 놀이 선호, 또래와의 상호작용 등 유아의 특성과 변화 정도를 평가할 수 있다. 이때 누리과정 5개 영역의 내용이 놀이에서 어떻게 경험되고 어떤 배움이 일어났는지 살펴본 후 이를 추후 놀이 지원에 반영할 수 있도록 한다.

2) 누리과정 운영을 평가한다.

교사는 누리과정 운영의 질을 개선하기 위하여 기관과 학급의 특성을 반영하여 자율적으로 누리과정 운영을 평가하여야 한다. 누리과정 운영 평가는 일과 구성이 적절하였는지, 일상생활이나 활동이 놀이를 지원하는 방식으로 진행되었는지, 놀이를 통해 어떤 경험이 어떻게 일어났는지 등에 대해 반성적으로 들여다보는 과정이다. 교사는 학급 내 놀이의 내용, 놀이를 통해 학급에서 일어나고 있는 유아들의 배움과 참여 등에 대한 기록을 바탕으로 교육과정을 평가하고 교육과정 개선 계획에 이를 반영할 수 있다.

3) 놀이에서 누리과정 5개 영역을 경험하였는지 돌아본다.

누리과정의 5개 영역은 유아가 놀이를 통하여 경험해야 할 내용이므로 교사는 놀이상황에서 5개 영역과 관련한 경험이 어떻게 이루어졌는지 연계할 수 있다. 이는 5개 영역의 내용을 유아가 달성해야 할 성취의 기준으로 삼는다는 것은 아니다. 매일 일과를 5개 영역에 따라 연계할 필요는 없다. 일과(놀이, 일상생활, 활동) 후 혹은 하나의 놀이 흐름이 마무리되었을 때 5개 영역의 경험이 어떻게 나타났는지 검토하고 지원을 계획해 볼 수 있다.

출처: 교육부, 보건복지부(2019b), pp. 60-66.

 개정 누리과정 운영 시 교사의 역할과 평가, 교사의 놀이지원의 다양한 사례는 '2019 개정 누리과정 놀이실행자료'를 참고해 주세요.

4. 누리과정 평가를 위한 유아 놀이이해의 실제

개정 누리과정은 유아 · 놀이 중심 교육과정으로 유아가 놀이를 통해 배움을 해 나가는 학습의 주체자로 보고 있기에 놀이를 통해 유아의 배움을 이해할 수 있다. 또한 교사는 유아의 놀이를 따라가면서 유아가 놀이에서 경험하는 것, 놀이를 이어가는 과정, 놀이를 통해 배우는 방법을 이해할 수 있다. 이렇게 교사가 유아의 놀이를 이해하기 위해서는 유아의 놀이에 주목하고 의미를 기록함으로써 유아 놀이의 의미를 읽어야 한다. 교사는 유아의 놀이 경험에 대해 2~3줄의 간략한 문장으로 기록하거나 몇 장의 사진을 찍어 남길 수 있다. 이러한 기록은 교사가 개정 누리과정의 실행과 유아를 평가할 수 있는 자료가 된다. 교사가 유아의 놀이에 시선을 주고 주목하게 되는 이유는 여러 가지가 있겠지만 교사는 다음과 같은 이유에서 유아의 놀이 의미를 읽기 시작한다(교육부, 보건복지부, 2019c).

- 유아의 놀이가 짧게 끝나고, 다른 놀이로 옮겨 가서
- 유아가 관심과 흥미를 보여서
- 유아에게 놀이 자료를 제공한 후 놀이 과정이 궁금해서
- 유아가 혼자 놀아서
- 유아가 바깥놀이에서 무엇을 배우는지 궁금해서
- 유아가 하는 놀이의 규칙을 이해할 수 없어서
- 유아가 한 가지 놀이만 해도 배울 수 있는지 궁금해서
- 유아가 교사의 생각(계획)과 다르게 놀이해서
- 유아가 사이에 갈등이 일어날 것 같아서
- 유아가 주제와 관련되지 않은 놀이를 해서
- 교사가 제안한 놀이를 유아가 어떻게 주도해 가는지 궁금해서

'놀이이해자료'에서는 교사가 놀이 사례를 통해 유아의 배움의 내용, 방식, 과정을 살펴보고 유아의 놀이 의미를 읽는 과정에서 놀이를 통한 배움의 가치를 이해할 수 있도록 돕는다. 또한 '놀이이해자료'는 유아의 다양한 놀이 사례를 통해 놀이의 의미, 교사와 유아의 경험, 기록방식 등을 보여 줌으로써 교사가 유아의 놀이 경험과 개정 누리과정과 연계하여 통합적으로 이해할 수 있도록 돕는다.

 유아의 놀이 사례를 통해 놀이의 의미, 교사와 유아의 경험, 기록방식과 교사가 유아의 놀이 경험과 개정 누리과정과 연계하여 통합적으로 이해한 다양한 사례는 '2019 개정 누리과정 놀이이해자료'를 참고해 주세요.

5. 누리과정 포털사이트 내 유아관찰 및 기록

'누리과정 포털사이트'에서는 정부에서 배포하는 누리교육과정 고시문과 함께 현장 지원자료, 연수자료, 홍보자료 등 공식적인 자료를 제공하고 있다. 특히 '누리과정 포털사이트'에서 제공하고 있는 현장에서 활용 가능한 유아관찰 및 기록과 관련된 자료는 다음과 같다.

놀이관찰기록지는 교사들이 편리하게 활용할 수 있도록 스마트패드로 작성 가능하게 제작되었다. 놀이관찰기록지 PDF파일을 다운받은 후 굿노트 어플이나 컴퓨터를 활용하여 작성하거나, 프린트한 후 작성 가능하다. 함께 제공하고 있는 스티커는 유아의 놀이뿐만 아니라 유치원이나 어린이집 내 간단한 업무를 표시하는 데 유용하다.

'관찰에 기반한 유아 놀이지원: 교사용'은 유아의 놀이를 이해하는 데 있어 관찰의 중요성에 대한 교사의 이해를 돕기 위해 개발되었다. 이 자료는 관찰에 기반한 놀이지원의 시기 및 방법을 이해하고, 다양한 관찰 방법 및 관찰 도구 활용 방법 이해를 위한 참고 자료로 활용할 수 있다. 유아교육기관에서 이루어진 유아의 놀이 사례를 중심으로 유아의 놀이 관찰을 토대로 적절한 교육적 지원을 위한 교사의 고민, 놀이지원을 위해 교사가 중점적으로 관찰한 초점, 놀이를 관찰하기 위해 사용한 주요 관찰 양식과 관찰 도구를 제시하고 있다. 이 자료에 수록된 놀이 사례에서 유아의 놀이를 관찰하기 위해 사용한 관찰양식은 부록에 제시하고 있어 활용하기에 용이하다.

'관찰에 기반한 유아 놀이지원: 부모용'은 유아교육기관에서 이루어지고 있는 놀이에 대한 부모의 이해를 돕기 위해 개발되었다.

유아 놀이 관찰의 중요성에 대한 교사의 이해를 돕기 위한 자료와 유아의 놀이를 관찰하기 위해 사용할 수 있는 관찰양식을 활용하기 원하시면 '관찰에 기반한 유아 놀이지원: 교사용' 자료를 참고해 주세요.

유아교육기관에서 교육과정 운영 안내, 놀이 및 지원에 대한 부모교육 및 참여프로그램 운영을 위해 부모의 이해를 돕기 위한 자료로 활용하기 원하시면 '관찰에 기반한 유아 놀이지원: 부모용' 자료를 참고해 주세요.

유아교사의 전문성 강화를 위해 개발된 『교사를 위한 놀이지원 연수자료』, 『교사를 위한 놀이지원 워크북』, 『교사를 위한 놀이운영 사례집』은 개정 누리과정을 실행할 때 유용하게 활용할 수 있다. 특히 『교사를 위한 놀이지원 워크북』은 유아의 놀이지원을 위한 관찰하고 기록하기와 유아 · 놀이 중심 교육과정 운영 평가하기의 내용을 포함하고 있다. 『교사를 위한 놀이지원 워크북』에 포함된 내용 중 유아교육현장에서 교사가 실제적으로 활용할 수 있는 기록 양식은 PPT형식과 HWP형식의 파일로 구성하여 따로 제시하고 있다.

누리과정 포털사이트에서 제공하는 '교사를 위한 놀이운영 사례집'을 활용하기 원하시면 다음을 참고해 주세요.

 누리과정 포털사이트에서 제공하는 '교사를 위한 놀이지원 연수자료'를 활용하기 원하시면 다음을 참고해 주세요.

 누리과정 포털사이트에서 제공하는 '교사를 위한 놀이지원 워크북'을 활용하기 원하시면 다음을 참고해 주세요.

 누리과정 포털사이트에서 제공하는 '교사를 위한 놀이지원 워크북 기록양식-PPT'를 활용하기 원하시면 다음을 참고해 주세요.

 누리과정 포털사이트에서 제공하는 '교사를 위한 놀이지원 워크북 기록양식-HWP'를 활용하기 원하시면 다음을 참고해 주세요.

 누리과정 포털사이트에서 제공하는 '놀이관찰 기록지와 스티커'를 활용하기 원하시면 다음을 참고해 주세요.

놀이관찰기록지는 교사들이 편리하게 활용할 수 있도록 스마트패드로 작성 가능하게 제작되었다. 놀이관찰기록지 PDF파일을 다운받은 후 굿노트 어플이나 컴퓨터를 활용하여 작성하거나, 프린트한 후 작성 가능하다. 함께 제공하고 있는 스티커는 유아의 놀이뿐만 아니라 유치원이나 어린이집 내 간단한 업무를 표시하는 데 유용하다.

학급 운영 시기별로 다양한 관찰방법을 실행하는 데 활용할 수 있도록 구성된 양식과 '누리과정 포털사이트'에서 교사들을 지원하고자 제공하고 있는 유아관찰-기록-교사지원 사례를 살펴보면 다음과 같다.

'매일 기록하는 관찰 및 업무일지' 양식을 활용하기 원하시면 다음을 참고해 주세요.

'학급 운영 시기별 관찰방법' 양식을 활용하기 원하시면 다음을 참고해 주세요.

날짜별로 쉽게 유아의 놀이를 관찰하고, 기록하고 교사가 놀이를 지원한 사례는 '쉽게 하는 관찰—기록—교사 놀이 지원'을 참고해 주세요.

월간계획에 기초하여 누리과정 운영의 실행을 기록하고 평가한 사례(교육계획안을 사후안내문으로 대체)는 '유아 주도적 놀이를 배움으로 이끌기'를 참고해 주세요.

유치원 현장에서 형식적인 기록이 아닌 중요하고 의미 있었던 것을 위주로 간단하게 기록하기 위해 진행한 교육실행안 양식 틀을 아이패드 굿노트 어플로 작성한 사례는 '교육실행안 예시(일안 버리기)'를 참고해 주세요.

놀이가 진행되면서 관찰한 내용을 보육일지에 함께 기록한 형태의 사례는 '만 4세 일지'를 참고해 주세요.

개정 누리과정 시범어린이집에서 유아의 놀이 진행 과정을 상세히 기록하고, 평가한 유아 놀이기록 사례는 '유아들의 놀이 기록'을 참고해 주세요.

교육계획안을 통합한 관찰 기록 예시와 생활주제별 놀이 과정 및 누리과정 운영 평가 예시는 '다양한 유아 관찰 방법 및 평가'를 참고해 주세요.

일일 놀이기록 및 유아 관찰 기록에 사용할 수 있는 양식을 활용하기 원하시면 '매일 놀이 기록'을 참고해 주세요.

놀이를 관찰하고 기록하고, 다양한 형태의 평가 방법(활동 평가, 유아 개인 평가, 그룹 평가…)의 사례는 '놀이와 배움을 잇는 평가'를 참고해 주세요.

 휴대폰의 어플리케이션을 활용하여 유아 놀이를 관찰 기록한 사례는 '휴대폰으로 간편하게 유아 관찰기록하기'를 참고해 주세요.

 일일보육일지에 개별유아 놀이 관찰 칸을 만들어 개정누리과정 교육과정에 의해 경험한 내용을 기록한 사례는 '개별유아의 놀이 관찰'을 참고해 주세요.

6. 누리과정에 기초한 유아평가의 실제

경기도유아교육진흥원(2013)에서는 교사가 관찰을 통해 유아의 발달 수준, 흥미, 요구 등을 발견하고 이를 토대로 교육과정과 학습을 구성하는 데 유용하게 활용할 수 있도록 지원하기 위해 '3~5세 연령별 누리과정 평가 예시문'을 상, 중, 하 수준으로 개발하였다.

이후 육아정책연구소에서는 2019년 개정된 누리과정에 따라 '3-5세 누리과정 유아관찰척도'를 개정하기 위해 '누리과정 효과성 분석 연구(II): 누리과정 개정에 따른 KICCE 유아관찰척도 개발 및 시범적용'을 실행하여 KICCE 유아관찰척도를 개발하였다. 이후 개정 누리과정 운영에 있어 교사의 유아 평가 및 누리과정 운영 평가를 지원하기 위한 유아관찰·기록·평가를 위한 애플리케이션의 개발 및 적용을 위해 '누리과정 효과성 분석 연구(III): 유아관찰앱 개발 및 적용'을 실행하였다. 이 연구에서는 유아관찰앱을 시범 적용하는 과정에서 KICCE 유아관찰척도의 관찰사례를 추가 개발하여 제시하였다.

'누리과정 효과성 분석 연구(Ⅱ): 누리과정 개정에 따른 KICCE 유아 관찰척도 개발 및 시범적용'을 활용하기 원하시면 다음을 참고해 주세요.

 '누리과정 효과성 분석 연구(Ⅲ): 유아관찰앱 개발 및 적용'에 제시된 KICCE 유아관찰척도를 활용하기 원하시면 다음을 참고해 주세요.

제**8**장

표준보육과정

1. 표준보육과정의 개정

2007년 1월 3일 최초로 '표준보육과정의 구체적 보육내용'이 고시되면서 2세 미만 보육과정, 2세 보육과정, 3~5세 보육과정이 적용되어 왔다. 이후 급변하는 사회변화에 따라 개정의 필요성이 대두되면서 2011년 어린이집과 유치원으로 운영되던 '표준보육과정'과 '유치원교육과정'을 통합한 공통과정인 '5세 누리과정'을 고시하였고, 2012년에는 0~4세 영유아를 대상으로 한 '제2차 표준보육과정'을 고시하였다. 이후 어린이집 0~5세 영유아의 연속적 경험과 발달적 연계를 위해 0~1세 보육과정, 2세 보육과정을 개정하여 2013년 1월 누리과정을 포함하여 '제3차 어린이집 표준보육과정'을 고시하였다.

2017년 12월 제3차 중장기보육 기본계획(2018~2022년)에서 보육의 공공성 강화, 보육체계 개편, 보육서비스의 품질 향상, 부모 양육지원 확대를 제시하고, 영유아의 교육수요 변화를 고려하여 표준보육과정의 개정을 추진하게 되었다. 2019년 말 3~5세를 위한 보육과정(누리과정)이 먼저 개정되었고, 0~5세 영유아의 연속적 경험과 연령 간 발달적 연계를 위해 0~2세 보육과정을 개정하여 2020년 4월 9일 '제4차 어린이집 표준보육과정'을 고시하였다. '제4차 어린이집 표준보육과정'의 고시 특성을 정리하면 다음과 같다(보건복지부, 2020).

- 총론은 3~5세 보육과정(누리과정) 개정 방향과 취지를 수용하되 보육의 정체성 유지, 영아보육의 특성을 반영하였다.
- 0~2세 영역별 내용은 제3차 어린이집 표준보육과정을 토대로 영아보육의 특성을 반영하였다.
- 기존의 연령 체계를 유지하여 0~1세 보육과정, 2세 보육과정, 3~5세 보육과정(누리과정)으로 제시하였다.
- 구성 체계를 조정하여 영역, 내용범주, 내용 체계를 유지하고, 0~1세의 4수준, 2세 2수준으로 구분하였던 세부내용을 내용과 통합하였다.
- 0~2세 보육과정은 기존의 6개 영역을 유지하고 내용을 간략화하였다.
- 전체적으로 영유아 중심, 놀이 중심을 추구하였다.
- 영유아 기본 권리의 개별 보장을 중시하여 영유아는 개별적인 특성을 지닌 고유한 존재로 존중받아야 함을 강조하였다.

2. 표준보육과정 구성

표준보육과정에서 추구하는 인간상은 '2019 개정 누리과정'에서 제시한 추구하는 인간상과 동일하게 건강한 사람, 자주적인 사람, 창의적인 사람, 감성이 풍부한 사람, 더불어 사는 사람이다. 표준보육과정의 목적은 영유아가 놀이를 통해 심신의 건강과 조화로운 발달을 이루고 바른 인성과 민주 시민의 기초를 형성하는 데에 있다. 표준보육과정의 목표는 추구하는 인간상의 구체적인 내용으로 설명되어 있다. 표준보육과정을 구성할 때 주요하게 고려된 구성의 중점은 다음과 같다(보건복지부, 2020).

- 영유아는 개별적인 특성을 지닌 고유한 존재임을 전제로 구성한다.
- 0~5세 모든 영유아에게 적용할 수 있도록 구성한다.
- 추구하는 인간상 구현을 위한 지식, 기능, 태도 및 가치를 반영하여 구성한다.
- 표준보육과정은 다음의 영역을 중심으로 구성한다.
  0~1세 보육과정과 2세 보육과정은 기본생활, 신체운동, 의사소통, 사회관계, 예술경험, 자연탐구의 6개 영역을 중심으로 구성한다.
  3~5세 보육과정(누리과정)은 신체운동·건강, 의사소통, 사회관계, 예술경험, 자연탐구의 5개 영역을 중심으로 구성한다.
- 0~5세 영유아가 경험해야 할 내용으로 구성한다.
  0~1세 보육과정은 6개 영역의 내용을 40개로, 2세 보육과정은 6개 영역의 내용을 43개로, 3~5세 보육과정(누리과정)은 5개 영역의 내용을 총 59개로 간략화하고, 이를 영유아가 경험해야 할 내용으로 명시하였다.
- 초등학교 교육과정과의 연계성을 고려하여 구성하였다.

이를 고려하여 구성된 표준보육과정의 추구하는 인간상, 목적, 목표, 영역별 목표 및 내용 해설을 살펴보면 다음과 같다(보건복지부, 2020).

표 8-1 0~2세 보육과정의 구성

추구하는 인간상	• 건강한 사람, 자주적인 사람, 창의적인 사람, 감성이 풍부한 사람, 더불어 사는 사람					
목적	• 영유아가 놀이를 통해 심신의 건강과 조화로운 발달을 이루고 바른 인성과 민주 시민 의 기초를 형성하는 데에 있다.					
목표	• 자신의 소중함을 알고, 건강하고 안전한 환경에서 즐겁게 생활한다. • 자신의 일을 스스로 하고자 한다. • 호기심을 가지고 탐색하며 상상력을 기른다. • 일상에서 아름다움에 관심을 가지고 감성을 기른다. • 사람과 자연을 존중하고 소통하는 데 관심을 가진다.					
놀이, 일상생활, 활동						
0~2세 보육과정 영역	기본생활	신체운동	의사소통	사회관계	예술경험	자연탐구
영역별 목표	건강하고 안전 한 일상생활을 경험한다.	감각으로 탐색 하고 신체활동 을 즐긴다.	의사소통 능 력의 기초를 형성한다.	나를 인식하 고, 친숙한 사 람과 관계를 맺는다.	아름다움을 느끼고 경험 한다.	주변 환경과 자연에 관심 을 가진다.

 1~2세 보육과정의 영역별 목표 및 내용과 영역별로 제시된 다양한 '영아 경험의 실제'는 『표준보육과정 해설서』를 참고해 주세요.

3. 표준보육과정 평가

표준보육과정의 평가는 영유아 중심·놀이 중심으로 표준보육과정이 운영되고 있는지 되돌아보고 개선해 가는 과정이다. 표준보육과정에서는 어린이집에서 영유아 중심·놀이 중심으로 보육과정을 운영할 수 있도록 평가를 간략화하고, 자율적인 평가가 이루어질 수 있도록 강조하였다. 따라서 현장에서는 평가의 목적, 대상, 방법, 결과를 활용하여 표준보육과정을 자율적으로 평가할 수 있다. 표준보육과정 평가에서 중점을 두고 있는 사항을 살펴보면 다음과 같다(보건복지부, 2020).

평가는 다음 사항에 중점을 두고 실시한다.

가. 표준보육과정 운영의 질을 진단하고 개선하기 위해 평가를 계획하고 실시한다.

　평가의 목적은 영유아가 중심이 되고 놀이가 살아나는 살아나는 표준보육과정 운영을 자체적으로 평가하여, 표준보육과정 운영의 질을 진단하고 표준보육과정 운영을 보다 나은 방향으로 개선하는 데 있다. 어린이집에서는 지역 특성, 각 어린이집 및 반의 상황과 요구를 고려하여, 표준보육과정 운영을 개선할 수 있도록 자율적으로 평가 계획을 수립한다. 평가의 내용, 평가 주기 및 시기, 평가 방법 등에 대한 계획은 각 어린이집 구성원 사이의 민주적인 협의를 통해 정한다.

나. 영유아의 특성 및 변화 정도와 표준보육과정의 운영을 평가한다.

　평가는 영유아 평가와 표준보육과정 운영 평가로 이루어진다. 영유아 평가는 궁극적으로 영유아의 행복과 전인적 발달을 지원하는 데 그 목적이 있다. 교사는 영유아의 놀이, 일상생활, 활동 속에서 영유아의 고유한 특성이나 의미 있는 변화를 할 수 있다. 교사는 영유아의 배움이 나타나는 놀이, 일상생활, 활동에서 영유아가 가장 즐기고 잘하는 것, 놀이의 특성, 흥미와 관심, 친구 관계, 놀이를 이어가기 위한 자료의 활용 등에 주목하여 영유아 놀이를 관찰하고 이를 통해 영유아의 특성과 변화를 이해하도록 한다.

　표준보육과정 운영 평가는 어린이집의 보육과정이 영유아 · 놀이 중심으로 적절하게 운영되고 있는지 평가하는 데 그 목적이 있다. 어린이집의 표준보육과정 운영 평가에서는 놀이시간을 충분히 운영하였는지, 영유아 주도적인 놀이와 배움이 이루어지고 있는지, 놀이 지원이 적절한지 등을 평가할 수 있다. 이는 놀이 속에서 나타나는 영유아의 특성 및 변화 정도와 연계하여 파악할 수 있다. 필요에 따라 부모와의 협력이나 행정적 · 재정적 지원이 적절하게 이루어지고 있는지 등을 평가할 수도 있다.

다. 평가의 목적에 따라 적합한 방법을 사용하여 평가한다.

평가 방법은 평가의 목적과 대상에 따라 달라질 수 있다. 어린이집은 평가 목적에 가장 적합한 평가 방법을 자율적으로 정하여 활용할 수 있다. 교사는 영유아의 특성과 변화 정도를 파악하기 위하여 영유아들의 실제 놀이 모습을 계획안에 기록할 수 있고, 놀이 결과물과 작품 등을 일상적으로 수집할 수 있다. 영유아들의 놀이를 관찰할 때에는 영유아의 말, 몸짓, 표정 등에서 드러나는 놀이의 의미와 특성에 주목하여 이 중 필요한 내용을 메모나 사진 등에서 드러나는 놀이의 의미와 특성에 주목하여 메모나 사진 등 교사가 할 수 있는 가장 용이한 방법으로 기록한다. 이러한 관찰기록 자료는 교실에서 자율적으로 수립한 계획안에 포함하여 영유아의 특성과 변화 정도를 파악하는 데 활용할 수 있다.

어린이집의 표준보육과정 운영에 대한 평가는 개선이 필요한 사항에 따라 자율적으로 실시할 수 있다. 기관별, 반별 상황이나 필요성에 따라 적합한 방법을 선택하여 표준보육과정 운영을 평가한다. 표준보육과정에서는 교사가 영유아의 놀이 관찰기록, 영유아 평가와 표준보육과정 운영 평가 등 평가 자료를 만들고 수집하는 데 과도한 노력을 기울이기보다는 영유아의 놀이에 더 집중하고 지원하는 것이 중요함을 강조하고 있다. 교사는 개별 영유아를 정기적으로 관찰하기보다는 배움이 나타나는 또래 사이의 놀이나 활동 등 영유아들이 일상에서 놀이하며 배우는 자연스러운 상황에서 영유아의 특성과 변화를 이해하는 평가를 하도록 한다. 또한 각 영역의 내용을 성취 기준으로 잘못 인식하여 영유아의 놀이에서 영역별 내용이 나타나는지 여부만을 체크하지 않도록 유의한다.

라. 평가의 결과는 영유아에 대한 이해와 표준보육과정 운영 개선을 위한 자료로 활용할 수 있다.

교사는 영유아의 놀이, 일상생활, 활동을 통해 수집된 자료를 평가의 목적에 맞게 종합하여 평가의 결과를 얻을 수 있다. 영유아 평가의 결과는 영유아가 행복감을 느끼고 전인적으로 발달하도록 도움을 주는 데 활용한다. 또한 표준보육과정이 추구하는 인간상과 목적 및 목표 등에 비추어 영유아의 특성과 변화 정도를 이해하고 영유아의 배움과 성장에 도움이 되도록 지원하는 데 활용한다. 수집된 모든 자료를 바탕으로 개별 영유아의 특성과 변화 정도를 종합적으로 이해하여, 이를 부모와의 면담자료 및 영유아의 생활지도 등에 활용할 수 있다. 한편 어린이집에서 자율적인 방식을 통해 실시한 표준보육과정 운영 평가의 결과는 각 어린이집에서 보육과정의 운영을 보다 나은 방향으로 개선하는 데 활용할 수 있다.

출처: 보건복지부(2020), p. 40.

4. 표준보육과정 평가를 위한 유아 놀이이해의 실제

영유아의 놀이는 흥미와 관심에 의해 자발적으로 일어나며 즐겁게 참여하는 과정에서 배움이 일어나는 영유아의 삶이다. 교사는 영유아의 놀이에 관심을 가지고 이해한다는 것은 영유아를 이해하는 과정이며, 이를 기반으로 영유아의 놀이를 지원할 수 있게 된다. 놀이하는 영유아를 이해하기 위해서는 놀이 특성과 놀이에서 영유아의 유능함을 발견하고, 놀이 경험과 교육과정과의 연계를 살펴보아야 한다. 중앙육아종합지원센터에서 제공하고 있는 '2020 영유아 관찰·평가 및 개별면담 기록 서식'은 다음과 같다(중앙육아종합지원센터, 2020b).

서식 II-10 영유아 관찰 · 평가 및 개별면담 기록

〈영유아 관찰 및 평가 기록〉 *영유아 개별 마련하여 사용

반명		이름		생년월일	
월	관찰내용				
3월	☞ (작성 Tip) 놀이, 활동, 일상생활에서 개별 영유아의 반응, 행동을 객관적으로 관찰하여 기록				
4월					
5월					
6월					
영유아발달 평가	☞ (작성 Tip) 관찰기록, 활동결과물 등 영유아의 발달 변화를 파악할 수 있는 자료를 활용하여 종합적으로 평가				

〈부모 개별 면담 기록〉

□ 상반기

일시	2017. 04. 02.	대상	○○○ 어머니	면담자	○○○ 교사
부모 의견					
교사 의견					
면담 결과					

영유아의 놀이를 이해하는 것은 교사가 유아를 이해하고 놀이를 잘 지원하기 위함이다. 표준보육과정에서 명시하고 있는 놀이의 주요 특성은 영유아가 자유롭게 놀이를 만들어 가는 것, 영유아가 주도적으로 놀이하는 것, 영유

아가 놀이에서 즐거움을 느끼는 것으로 명시하고 있다. 교사는 이러한 놀이의 특성을 이해하고 영유아의 존재에 대한 존중, 영유아의 놀이에 대한 존중을 기반으로 지원이 이루어질 수 있다. '존중하기'를 바탕으로 놀이하는 영유아를 위한 교사의 10가지 지원전략을 살펴보면 다음과 같다.

그림 8-1   놀이하는 영유아를 위한 교사의 10가지 지원 전략

출처: 서울특별육아종합지원센터(2019), p. 12.

지원전략	방법
참고 기다리기	혹시 영유아의 놀이를 보며 자꾸 개입해야 한다는 부담감을 느끼시나요? 놀이에 섣부르게 개입하여 흐름을 끊거나 의도치 않은 방향으로 놀이가 흘러가는 것을 원치 않는다면, 영유아의 의도를 파악하고 스스로 해결할 수 있을지 생각해 보며 참고 기다려 주세요.
있는 그대로 인정하기	참고 기다리는 동안 그냥 시간을 보내는 것이 아니라 놀이하는 영유아를 지켜보세요. 놀이는 누구와 어디서, 어떻게, 무엇을 하는지, 그리고 놀이의 흐름은 어떠한지 등을 지켜보고, 놀이하는 영유아의 기질, 특성, 컨디션을 있는 그대로 인정하는 것이 필요합니다. 교사의 의도대로 이끌어가기보다 놀이하는 영유아를 지켜보며 있는 그대로를 인정할 때 주도적으로 놀이하는 영유아의 모습을 보게 될 것입니다.
허용하기	놀이에 자발적으로 참여하였을 때 영유아들은 놀았다고 표현합니다. 놀이를 만들어 가고 이어가는 영유아에게 다양한 선택권을 주어야 합니다. 예를 들어, 놀이의 시작과 끝을 결정하는 것, 혼자 또는 여럿이 놀 것인지, 놀이 규칙을 만들고 변형시키는 것 등의 선택권을 주고 이를 허용하는 태도가 필요합니다.

함께 놀이하기	영유아와 교사가 서로 협력하고 함께 교육과정을 만들어 가는 것이 놀이 중심 교육과정의 핵심입니다. 교사가 일방적으로 가르쳐야 한다는 부담 감을 내려놓고 영유아의 주도성을 인정하면서 영유아와 함께 놀이해 보 세요. 교사도 놀이의 즐거움을 느낀다면 진정한 놀이의 가치를 인정하고 영유아의 놀이를 지지하게 될 것입니다.
의견 나누기	영아와 교사가 함께 놀이하며 놀이를 만들어 가는 과정에서 자연스럽게 의견을 나누게 됩니다. 또한 놀이를 지켜보다가 궁금한 점이 생기면 영 유아에게 질문해 보고 의견을 들어 볼 수 있습니다. 그리고 놀이를 진행 시키는 과정에서 의견이 다를 때에는 서로의 의견을 들어 보고 조율해 갈 수 있습니다.
공유하기	놀이가 만들어지고 이어지는 동안 영유아들은 그림, 글, 구성물 등의 결 과물을 통해 놀이의 흔적을 남깁니다. 그리고 교사도 이러한 놀이의 흔적 들을 다양한 기록 방법(사진, 영상, 글 등)으로 남깁니다. 이러한 기록물 을 영유아와 놀이를 돌아보며 함께 공유하기도 하고, 전시, 이야기 나누 기 등을 통해서도 공유할 수 있습니다. 친구들의 놀이, 놀이하는 친구의 유능함을 함께 공유하게 됩니다.
시간과 일과의 융통성	하루 일과 중 놀이 시간을 충분히 제공하고 놀이 흐름상 놀이가 지속될 수 있거나 바깥놀이를 더 하겠다고 영유아가 제안해 온다면 놀이 시간을 늘릴 수도 있습니다. 때로는 아침부터 바깥놀이를 할 수도 있겠지요.
공간의 변형	많은 놀이가 이루어지는 보육실은 영역으로 경계를 만들어 놓은 경우가 많습니다. 영역 구획을 누가 했는지부터 생각하면 영유아와 함께 만들어 갈 수 있는 부분이 생길 것입니다. 놀이 상황에 따라 공간을 확장하거나 축소할 수도 있고, 보육실을 넘어 복도 등의 공용 공간으로의 이동을 융 통성 있게 시도해 볼 수 있습니다. 공간이 바뀌면서 놀이가 어떻게 변형 되는지도 관심 있게 살펴봐 주세요. 영유아가 그 공간에 적합한 방식으로 유능함을 발휘하며 놀이하는 모습을 볼 수 있을 것입니다.
다양한 자료 제공	놀이가 촉진되어질 수 있도록 다양한 자료를 제공해 줍니다. 자료가 풍 부한 환경을 제공하고 자료에 대한 선택권을 영유아에게 줄 수 있도록 하 며, 원 내에서 쉽게 구할 수 없는 자료의 경우는 지역사회와 연결하여 찾 아볼 수 있습니다.
교사 간 협력하기	영유아의 놀이를 지원하며 적절한 지원 전략을 찾고 실천하다 보면 혼자 해결하기 어렵거나 원내 협의가 필요한 경우가 생깁니다. 일과의 융통성 을 발휘하기 위해서 다른 반과 시간 조정이 필요하기도 하고, 공용 공간 사용을 위해서 함께 논의해야 할 것입니다.

출처: 서울특별시육아종합지원센터(2019), pp. 13-15.

　　어린이집 현장에서 이루어진 활동 계획, 유아의 경험, 교사의 지원을 보육
실습일지를 통해 살펴보면 다음과 같다.

〈보육실습일지 예시〉

주제	생활도구		소주제	다양한 생활도구
시간 및 일과	활동계획 및 실행			평가 및 유의점
09:00~ 09:30 등원 및 맞 이하기	• 유아의 이름을 불러 주며 인사하기 • 유아를 안아 주며 스킨쉽 및 상호작용을 통해 건강상태를 살피고 관찰하기 • 유아 스스로 옷, 소지품, 가방 등을 정리하도록 도움 주기 • 투약의뢰서, 수첩 확인하기 • 유아 스스로 손 씻기			등원하는 유아와 눈을 마주치며 "○○○ 안녕하세요. 오늘도 선생님이랑 재미있는 시간 보내요!"라고 유아와 상호작용을 한 뒤, 유아의 건강상태를 확인하였다.
09:30~ 10:20 실내 자유선택 활동	쌓기	블록으로 스튜디오를 구성해 보기 • 여러 가지 블록을 사용하여 스튜디오를 구성한다.		〈쌓기, 역할〉 자신이 알고 있는 스튜디오에 대해 이야기를 나눈 뒤, 스튜디오 사진을 보고 다양한 블록을 사용하여 유아끼리 스튜디오를 만들고 스튜디오 간판을 부탁해 역할 놀이를 하였다.
	역할	레디~액션! 스튜디오 방송국 역할놀이 • 스튜디오 방송국 역할 놀이를 한다.		
	미술	나만의 상상 노트북 만들기 • 유아 자신만의 상상 노트북을 만들어 본다.		
	음률	새 노래-'스마트 폰 사용 약속' 동작-'스마트 폰 사용 약속' 율동 만들기		
	언어	〈말하기·읽기·쓰기·듣기〉 올바른 미디어 사용 방법 수수께끼 올바르게 미디어를 사용하는 방법에 대한 수수께끼를 낸다. 〈말하기·읽기·쓰기·듣기〉 '우리는 미디어를 올바르게 사용해요.' 책 만들기 • 1 수준: 미디어 그림 자료를 보고 관심 있는 미디어를 정해 올바른 사용법을 말해 본다. • 2수준: 교사의 도움을 받아 유아 자신이 정한 올바른 미디어 사용법을 직접 적어 본다.		〈언어-말하기, 읽기, 쓰기〉 올바르게 사용했던 경험에 대해 생각해 보고 다양한 색칠도구를 사용하여 올바른 미디어 사용법 책을 만들었다. 글씨 쓰기를 어려워 하는 유아는 교사의 도움을 받았다.
	수· 조작	〈수〉 시계를 연결해 주는 미디어 • 숫자를 사용하는 미디어에 대해 안다. 〈조작〉 미디어 도구 바느질 • 미디어 도구 바느질 조작 활동을 한다.		〈수·조작〉 숫자를 사용하는 미디어에 대해 생각해 보고 전화기, 텔레비전, 휴대전화 등에 대해 이야기를 나누어 본 뒤, 생김새를 떠올리며 다양한 색의 실을 사용하여 바느질을 해 보았다.
	과학	종이컵으로 실 전화기 만들기 • 종이컵과 실을 사용하여 전화기를 만들고 놀이를 안다.		

10:20~ 10:40 정리정돈 및 화장실 다녀오기	• 정리 동요를 들으며 교구를 정리 · 정돈한다. • 교구를 정리한 유아는 화장실을 다녀온다.	정리 동요를 부르며 유아가 활동한 자리를 정리하였다. 정리를 끝마친 유아는 정리를 다 하지 못한 유아는 정리를 다 하지 못한 유아를 도와준 뒤, 한 줄로 서서 조용히 화장실을 다녀왔다.
10:40~ 11:00 오전간식	• 화장실을 다녀온 뒤, 바르게 앉아서 간식을 먹는다. • 간식을 먹고 나서 자신의 자리를 정리한다. • 간식을 담다 먹은 유아는 자유롭게 책을 본다.	감사기도를 한 뒤, 계란과 오이가 들어간 죽을 먹었다. 간식을 다 먹은 유아는 자신의 자리를 정리하고 바른 자세로 동화책을 보는 시간을 가졌다.
11:00~ 11:20 대 · 소집단 활동	〈이야기 나누기〉: '나는 이렇게 미디어를 사용해요.'	미디어 사용법에 대해 교훈을 주는 동화의 이야기를 다시 생각해보며 유아 자신이 미디어를 사용하는 데 있어 지켜야 할 약속에 대해 자유롭게 이야기를 나누었다.
11:20~ 12:20 바깥놀이 및 일상생활 관련활동	〈바깥놀이〉 여러 가지 미디어 찾기/원 주변을 산책해요. 〈대체활동〉 '바른 미디어 사용 카드 찾기'	〈대체활동〉 올바른 미디어 사용법에 대해 이야기 나눈 뒤, 2층 상상 놀이터에서 바른 미디어 사용카드 찾아오는 신체활동을 하였다.
12:20~ 13:10 점심지도 및 양치지도	• 유아 스스로 손을 씻고 수건으로 손을 닦는다. • "잘 먹겠습니다."라고 인사를 한 뒤, 점심을 먹는다. • 음식을 골고루 먹는다. • 점심을 다 먹은 유아는 주변 정리를 하고 양치를 한다. • 양치를 한 유아는 자유롭게 책을 읽거나 다음 수업을 준비한다.	점심을 먹기 전 오늘의 반찬에 대해 이야기를 나눈 뒤, 양치를 하고 바른 자세로 자유롭게 책을 읽었다.
13:10~ 13:50 종이나라 퍼포먼스	• 종이로 목걸이와 팔찌를 만든다. • 종이를 오려 붙이기 활동을 한다.	종이에 대해 이야기를 나눈 뒤, 다양한 종이를 활용하여 표현할 수 있는 활동을 해 보았다. 종이 목걸이를 만드는 활동에게 도움이 필요한 유아는 교사의 도움을 받았다.

13:50~ 14:30 낮잠 및 휴식		• 유아 스스로 이불과 베개를 가지고 자리에 누워 낮잠을 자거나 휴식 영역에서 휴식을 취한다.	휴식을 취하고 싶은 유아는 휴식 영역에서 휴식을 취하였다.
14:30~ 15:00 화장실 다녀오기 및 오후간식		• 유아 스스로 손을 씻고 간식을 먹는다. • 간식을 먹으며 교사/친구와 상호작용을 한다. • 바르게 앉아서 간식을 먹는다. • 간식을 먹고 나서 주변을 정리한다.	허리 손을 한 상태로 조용히 화장실에 다녀온 뒤, 자리에 앉아 감사기도를 하고, 무지개떡과 식혜를 간식으로 먹었다.
15:00~ 15:20 순차적 귀가지도		• 하루 일과를 지내면서 즐거웠던 일, 속상했던 일, 어려웠던 일, 기뻤던 일 등을 이야기 나누며 하루를 평가한다. • 가족과 생활도구 속의 디지털 미디어에 대해 이야기를 나눈다(가정과의 연계 활동). • 웃는 얼굴로 인사 나누기, 안아 주기, 유아의 용모를 단정히 하는데 도움 주기(차량 및 개별귀가)	스스로 외투 지퍼를 올릴 수 없는 유아는 교사의 도움을 받아 단정한 차림으로 하원을 하였다. 디지털 미디어의 바른 사용에 대해 가족과 이야기를 나눌 수 있도록 하며 인사를 나누었다.
15:20~ 16:00 실내자유 선택활동 및 순차적 귀가지도		• 오전에 했던 놀이를 연계하여 활동한다. • 원하는 영역에서 자유롭게 활동한다. • 교사는 영아들이 활동을 잘할 수 있도록 적절하게 개입한다. • 유아는 순차적으로 귀가한다.	〈언어-읽기, 쓰기〉 바른 미디어 사용법 책에는 어떤 글자가 있는지 이야기 나눈 뒤, 자신이 쓸 수 있는 글자를 생각해 보며 적어 보았다.
	쌓기	블록으로 컴퓨터를 구성해 보기	〈과학〉 실 전화기를 어떻게 하면 잘 들리는지에 대해 이야기 나누어 보고 다양한 방법을 시도해 본 뒤, 잘 들리는 이유에 대해 자유롭게 이야기를 나누었다.
	역할	컴퓨터 수리 센터 역할놀이	
	미술	화면 속 멋진 내 모습 꾸미기	
	음률	새 노래-'재미있는 라디오' 동작-'재미있는 라디오' 율동 만들기	
	언어	〈말하기·읽기·쓰기·듣기〉생활도구 미디어 수수께끼 〈말하기·읽기·쓰기·듣기〉미디어 책 만들기	〈미술〉 노트북의 화면에 그릴 그림을 생각하며 다양한 색칠도구를 사용해 노트북을 완성한 뒤, 유아끼리 컴퓨터 놀이를 하였다.
	수· 조작	〈수〉미디어 패턴 놀이	
		〈조작〉미디어 도구 바느질, 미디어 돌림판	
	과학	그림 자료를 보며 다양한 미디어를 관찰해요.	

16:00~ 18:00 통합보육 및 귀가지도	• 선생님과 인사를 나누고 통합보육실로 이동한다. • 귀가지도하기 • 인사 나누기, 투약의뢰서 전달하기, 개별물품 확인하기, 귀가하기, 보호자와 하루일과 및 전달사항 대화 나누기 • 부모님이 오시지 않은 유아는 당직교사가 있는 보육실로 이동한다. • 당직 교사에게 특이사항을 인수인계한다.	유아의 이름을 불러 주며 "내일 설날이지요. 즐거운 시간 보내고 화요일에 봐 요."라고 말하며 인사를 나 누었다. 귀가하지 않은 유아 는 자유롭게 놀이를 하였다. *오후 당직 교사: ○○○ 선 생님
실습생 평가	어제 활동했던 내용을 복습하는 과정에서 유아가 지루하지 않도록 상호작용을 시도하였다. 다양한 생각을 하는 유아에게는 민감하게 질문히고 답하는 것이 중요한 것 같다. 하나의 질 문에 많은 의견이 나올 때, 다른 반응들을 해 주는 것이 생각보다 어려웠다. 이런 점은 유아 와 자연스럽게 상호작용을 자주함으로써 스스로 배워야 하는 부분인 것 같다. 내일부터 연 휴라 지혜반 유아들을 보지 못한다는 것이 너무 아쉬워 하원하기 전에 평소보다 더 꽉 안아 주며 따뜻한 말로 인사를 나누었다.	
조언 및 평가	유아들에게 필요한건 하나의 주제로 여러개의 연계와 확장활동이 이루어질 수 있도록 교사 가 지속적으로 자연스럽게 개입해 주시는 것입니다. 혹시라도 교사의 개입이 너무 과도하 게 이루어진다면 교사가 주도적으로 이끌어가고 유아는 수동적일 수밖에 없으니, 교사는 적절한 개입으로 유아가 능동적으로 연계와 확장활동이 이루어질 수 있도록 격려해 주시면 되세요. 적절한 상호작용은 유아와 교사와의 유대관계에 도움이 되실 거예요.	

보육서비스의 질 향상을 위해 모든 어린이집에 대해 정기적으로 평가를 실시하고 있다. 평가주기에 따라 평가대상을 선정하여 통보한 후 1단계로 통보된 어린이집에 대해 지자체는 기본사항을 확인하고, 어린이집은 자체점검보고서를 작성하여 제출한다. 2단계에서는 기본사항 및 자체점검보고서 제출을 완료한 어린이집에 대해 현장평가를 실시하고, 3단계로 평가등급 결정(조정)이 필요한 어린이집을 대상으로 종합평가를 실시하여 어린이집의 최종등급 및 평가주기를 확정한다. '자체점검보고서'에 포함된 보육과정의 평가의 내용을 살펴보면 다음과 같다(중앙육아종합지원센터, 2020a).

1-5   보육과정 평가

평가내용	Y	N
1 반별 보육일지에 하루 일과 및 놀이실행에 대한 기록이 있고, 필요한 경우 그 내용을 다음 놀이 지원 및 활동 계획에 반영한다. ① 반별 보육일지에 영유아의 하루 일과와 놀이실행에 대한 기록이 있음 ② 필요한 경우 하루 일과 및 놀이실행에 대한 기록을 다음 놀이 지원 및 활동 계획에 반영하고 있음 * 2개 모두 충족해야 Y로 평정	☐	☐
2 영유아의 일상생활, 실내외 놀이 및 활동에 대한 관찰 내용을 기록하고, 영유아의 발달특성과 변화를 평가한다. ① 일상생활, 놀이, 활동에서 개별 영유아의 반응과 행동을 관찰하여 기록함 ② 영유아 관찰 결과를 활용하여 영유아의 발달특성과 변화의 정도에 대한 총평을 연 2회 이상 기록함 ③ 영유아 평가 결과를 영유아의 놀이 지원, 부모면담 등에 반영하고 있음 ④ 장애영유아 개별 장애영유아의 교육진단과 발달평가를 위한 진단·평가 도구 및 참고자료를 구비하여 활용하고 있음 * 3개 모두 충족해야 Y로 평정 * 장애영유아 4개 모두 충족해야 Y로 평정	☐	☐
3 원장은 각 반별 보육과정 운영에 대한 평가를 통해 어린이집 전체 보육과정 운영을 파악하고 있다. ① 원장은 반별 보육과정 운영에 대한 평가를 실시하여 어린이집 전체의 보육과정 운영을 파악하고 있음 ② 원장은 반별 보육과정 평가 결과를 어린이집 운영에 반영함 * 2개 모두 충족해야 Y로 평정	☐	☐

지표 등급	우 수	보 통	개선필요	총 개(Y 개수)
	○	○	○	

1영역 등급	우 수	보 통	개선필요
	○	○	○

(1영역) 특장점 및 개선 노력

* 1영역의 5개 평가지표에 대한 어린이집의 강점 및 자체점검을 진행하는 과정에서 개선하기 위해 노력한 점이 있는 경우 기록합니다. (※ 필요시 1,000자 이내로 작성)

출처: 중앙육아종합지원센터(2020a), p. 11.

제**9**장

부모면담

1. 부모면담의 개념 및 필요성

　부모면담이란 교사와 부모 간의 가장 적극적인 의사소통방법 중 하나로 교사와 부모가 만나 아동에 대한 정보를 주고받음으로써 아동지도의 방향을 정하고 교육기관과 가정에서 최선의 방법으로 일관성 있게 교육하는 계기를 마련하는 시간이다(서현아 외, 2018).

　부모면담은 교사와 부모 모두에게 아동을 이해하는 데 가장 도움이 되는 방법이다. 교사는 부모와의 면담을 통해 아동의 행동이나 성장과정에 대해 보다 폭넓게 이해할 수 있으며, 자녀에 대한 부모의 양육방식 및 기대, 아동에게 영향을 주는 가정생활이나 가족관계에 대한 다양한 정보를 얻을 수 있다. 동시에 부모는 자녀에 대한 구체적인 정보를 얻어 자녀의 기관생활에 관심을 갖게 되고, 기관과 교사의 교육방법이나 철학에 대한 신뢰감 또한 형성할 수 있으며, 내 자녀에게 적합한 양육태도를 가질 수 있는 계기가 된다.

　아동을 위한 부모면담을 통해 얻을 수 있는 효과를 다음과 같이 정리할 수 있다(황해익 외, 2016).

첫째, 부모와 교사 간에 상호 신뢰감이 형성되고 친밀감이 생긴다.

둘째, 교사는 아동의 가정환경, 생육사와 발달과정 등을 보다 잘 이해할 수 있다.

셋째, 부모는 가정 이외의 상황에서 아동의 행동이 어떠한지를 알 수 있다.

넷째, 아동에게 문제행동이 나타났을 때 의견을 서로 나누고 해결방법을 함께 생각할 수 있다.

다섯째, 교육기관의 교육활동이나 각종 행사에 대한 평가나 의견을 부모로부터 들을 수 있다.

2. 부모면담의 유형

1) 정기 면담

정기면담은 계획에 따라 정해진 시기에 이루어지는 면담으로 자녀가 유아교육기관에서 잘 적응하고 있는지에 대해 의견을 교환하는 기회가 된다. 정기면담은 대체적으로 일 년에 2회 이루어지는데, 예를 들어 4월에 교사가 아동을 파악하기 위해 이루어지고, 11월에 1년 동안 지내 온 아이의 발달상황에 대한 내용으로 약 20분간 상담을 진행한다(노명숙, 2018). 정기면담은 연령에 적절한 발달평가 및 아동의 기질, 성향, 놀이 형태 등의 일반적인 문제에 대해 이야기를 나누는 시간이므로 부모가 면담에 대한 큰 부담감 없이 자녀를 객관적인 시각으로 바라볼 수 있도록 도와준다(김지은, 2014).

2) 수시면담

수시면담은 아동의 문제행동이나 성인의 도움을 필요로 하는 상황 발생 시

또는 부모 또는 교사의 요청에 의해 이루어지는 것으로 교사와 부모 간의 효과적인 의사소통을 통해 아동에게 도움을 주는 방법이다(김지은, 2014). 수시면담은 전화면담으로 이루어지기도 한다. 이때는 전화하면서 간단한 내용을 전달하거나 필요에 의한 내용을 주고받게 된다.

특히 아동이 특별한 문제행동을 보일 때 부모면담은 필수적이다. 예를 들어, 아동이 교육기관에 적응하는 데 오랜 시간이 걸린다거나 다른 아동의 활동을 방해하는 경우, 아동의 부정적인 행동이 가정과 연계되어 수정해 나가야 할 경우, 그리고 발달상의 심각한 지체 현상으로 의사 혹은 다른 전문가의 도움이 필요한 경우 부모면담을 실시할 수 있다. 부모면담은 교사와 가족 구성원들이 아동의 성장에 관한 지원과 관심을 공유하기 위해 계획되는 것이므로(황해익 외, 2013) 특별한 부적응행동을 보이는 아동을 돕기 위해 발달상황을 관찰하고, 전문가와의 연계로 지원할 수 있는 부분을 함께 토의할 수 있다. 더불어 교사뿐만 아니라 문제를 토의하기 위해 부모도 함께 의견을 제안하는 토론의 장을 열어 볼 수 있다(노명숙, 2018).

3) 알림장 및 핸드폰 어플을 활용한 면담

정기나 수시면담 이외에도 알림장 등을 활용하여 간단한 기록을 교환하는 교사-부모 간 의사소통 및 교육상담이 가능하다.

3. 부모면담의 기본과정

1) 면담 준비과정

(1) 아동의 생활에 대한 관찰 및 관찰

부모면담을 위해 가장 우선되어야 할 일은 교사의 아동 관찰이다. 무엇보다 효과적인 면담을 위해 교사가 아동 관찰을 바탕으로 사전 준비를 충실히 해야 한다(김지은, 2014). 관찰은 아동을 이해하기 위한 기초적인 과정으로 면담을 위해서는 미리 관찰 목적, 방법, 시기를 구체적으로 결정하여 관찰하고 기록하는 것이 좋다(황해익 외, 2014). 관찰 내용을 근거로 아동의 발달을 종합 평가하여 기록해 두는 것도 많은 도움이 된다. 즉, 교사는 부모 면담에 앞서 아동에 대해 관찰하고, 기록하며, 그 기록물을 효율적인 방식으로 정리 및 보완, 활용하는 것이 반드시 요구됨을 알아야 한다.

(2) 면담자료 준비

아동의 관찰기록지 이외에도 교사는 그동안 모아 두었던 기록들을 자세히 검토하고 각각의 아동에게 필요한 자료를 빠짐없이 준비하여 면담에 적극 활용하도록 한다. 예를 들면, 아동의 신체검사표나 일화기록, 표본식 기술, 평정척도, 체크리스트 등 그동안 교육기관에서 모아 두었던 모든 자료도 충분히 면담자료로 활용될 수 있으므로 아동들의 흔적이 담겨 있는 그림, 작품 등을 소중하게 간직했다가 부모 면담 시에 이런 자료를 토대로 아동들의 발달과정을 설명한다면 더 객관적이고 신뢰성이 높은 면담이 될 것이다(전남련 외, 2016). 한편, 부모와 상의할 내용이라든지, 가정에서 아동의 양육태도, 아동의 행동 등 묻고 싶은 내용을 간략하게 적어 놓고 면담에 응한다면 면담시간도 단축될 뿐 아니라 교사는 아동에 대해서 더 많은 정보를 확보할 수 있을 것이다.

　교사의 면담자료 준비는 면담의 질에 많은 영향을 미친다. 유아교육기관의 교사일 경우 부모와 효율적인 면담이 이루어지도록 다음의 자료를 준비할 필요가 있다(황해익 외, 2014).

- 영유아의 개인적 기록물(환경조사서, 건강기록부, 생활기록부, 관찰일 등)
- 영유아 개인 기록물들을 토대로 한 발달 요약서
- 영유아의 작업표본(포트폴리오)
- 부모면담양식지 외에 면담에 임하기 전에 간단한 설문지(4~5개 정도의 자유 대답식 질문들)
- 각 영유아를 위한 '면담양식'지

부모면담 양식지

원아 이름 :   생년월일 :   성별 : 남 · 여
상담교사 :   면 담 일 :
면담일 현재 유아의 연령 :   년   월

영역	교사	부모
1. 신체운동 건강 영역		
2. 의사소통 영역		
3. 사회관계 영역		
4. 예술경험 영역		
5. 자연탐구 영역		
	담임교사	학부모
특이 및 건의사항		
종합평가(기타)		

출처: 전남련 외(2016). p. 339.

(3) 면담시간과 장소 정하기

부모 면담 계획이 잡히면 주간 교육계획안을 통하여 면담시간과 장소를 2주 전에 부모에게 알린다. 면담시간은 한 명당 20분 정도로 계획하고 매번 5~10분 정도의 쉬는 시간을 두고 시간표를 작성하여 교사가 시간표에 따라 다음 아동의 면담을 준비할 수 있도록 한다(전남련 외, 2016).

2) 면담의 진행과정

상담기간 동안 반별 상담시간을 고려하여 교사들의 업무를 각각 정해 면담이 원활히 진행되도록 준비한다. 현관에서는 안내를 맡은 교사가 부모님들을 반갑게 맞이하며 해당 교실로 안내하고 약속 시간보다 일찍 혹은 늦게 오시는 부모들을 위하여 한쪽에 부모 대기실을 준비하여 기다릴 수 있도록 배려한다. 대기실에는 아동들의 활동사진이나 책 등을 비치해 놓는 것이 좋다.

교실에 부모가 들어오면 교사는 밝고 자신감 있게 인사하며 부모를 맞이한다(노명숙, 2018). 부모면담 시 교사는 부모와 교육기관 간의 협력적인 관계를 도모하는 핵심적 역할 수행자가 되어야 하므로 긍정적인 분위기를 유지하고 통솔력 있게 면담을 이끌어 가야 한다. 이는 철저한 사전준비와 훈련을 통해 가능해진다(황해익 외, 2014).

(1) 면담의 시작

교사는 사전에 준비한 객관적인 자료를 토대로 면담을 시작한다. 교사가 관찰한 것과 부모가 아동에 대해 느끼는 바에 대한 효율적인 의견교환을 위해서는 면담이 있기 바로 전에 그 아동의 발달에 대한 관찰 요약서를 숙지해 두는 것이 좋다. 부모를 준비된 자리에 앉게 하고 교사는 시계가 보이는 자리에 앉는다.

(2) 면담 내용

면담 전 간단한 인사말, 날씨 등의 이야기로 부모의 마음을 편안하게 해 준다. 또한 이번 면담의 목적이 무엇인지 부모에게 알릴 필요가 있다(황해익 외, 2014). 부모와 상호 친밀감 및 편안함을 공유하기 위해 놀이 에피소드를 곁들여 아동의 장점을 말하거나, 부모가 쉽게 공감하는 아동의 최근 행동에 대해 간단히 이야기하며 면담을 시작하는 것이 좋다. 아동이 어떤 활동에 잘 참여하고 그 활동 중 어떤 행동을 하였다거나 혹은 친구를 어떻게 도와주었는지 등 간단한 사건을 근거로 아동 행동 및 성격의 장점을 먼저 이야기함으로써 부모가 마음을 열고 편안하게 담임교사와 면담에 집중하도록 분위기를 형성한다.

그리고 어느 정도 면담 분위기가 조성되었다고 느끼면 아동의 발달적인 특성 및 놀이 상황에 대한 전반적인 내용을 전달하고, 부모와 논의할 부분에 대해 심층적으로 이야기를 진행해 나간다. 이때 교사는 부모의 성향 및 각기 다른 생활배경, 직업, 학력 등의 요소를 고려하여 이에 맞게 대화내용을 조절하고 활발하게 의견을 교환하는 것이 중요하다.

(3) 질의응답

논의할 사항에 대해 부모와 충분히 이야기를 나눈 후에는 부모가 자녀의 기관 생활 중 궁금한 점에 대해 질문을 하도록 권한다. 이러한 질문사항에 대해서는 아동이 기관에서 놀이하는 사진자료를 제시하거나 간단한 놀이 에피소드 등을 활용해 설명하면 부모의 이해에 더욱 도움이 된다. 또 부모가 아동의 지도에 어려움을 느끼고 질문을 할 때는 단순히 지식적인 지도에 그치기보다는 가정에서 쉽게 활용할 수 있는 실제적이고 구체적인 방안을 제시하는 것이 좋다. 이를 위해서 교사는 평소에 아동의 교육 및 지도에 필요한 지식 및 전문적 자질을 갖출 필요가 있다(김지은, 2014).

부모상담 Tip Q A

Q
- 선별검사는 받았는데, 아이가 정말 장애가 있는 건지 아니면 그냥 느린 건지 정확하게 알고 싶어요. 어떻게 해야 하나요?
- 발달중재나 지원서비스처럼, 우리 아이에게 필요한 도움을 어디서 받을 수 있나요?

A 경기도육아종합지원센터에서는 가정양육지원사업으로 아이사랑플래너, 영유아 심리상담, 유별난 영유아 발달검사 등을 지원하고 있으며 아동발달센터는 영유아 및 청소년의 발달상 어려움에 대한 상담과 치료를 실시하는 기관으로 영유아에 대한 상담, 부모와 가족에 대한 상담과 지원도 실시합니다. 하지만 전문의의 소견이 필수적인 장애 진단을 할 수 없는 곳이기 때문에 장애 진단보다는 영유아 발달에 대한 전반적인 영역을 치료하기에 적합한 기관입니다.

출처: 중앙육아종합지원센터(2021.01.20.a), p. 11.

3) 면담 마무리 과정(및 추후활동)

(1) 면담의 마무리

　면담을 마무리 짓는 마지막 단계로 교사는 부모에게 면담의 내용 중 중요한 점을 요약하여 이해 여부를 확인한다. 또한 기관 및 담임교사에게 건의할 사항이 있는지 알아보고, 부모와의 면담 시간을 적극적으로 활용하여 기관의 중요한 공지사항을 전달하도록 한다. 마지막으로 자녀를 향한 사랑과 관심, 협조에 대해 감사를 표하고, 특별한 도움이 필요한 경우에는 정기 면담 이외에 수시 면담을 활용할 수 있음을 안내한다. 또한 면담 이후에 면담결과를 반영하여 실행하면서 발생하는 문제점 또는 결과 등에 대해서는 전화 등을 이용한 면담을 활용한다(김지은, 2014).

(2) 추후활동

면담한 내용은 개인 면담지에 기록하고 보관한다. 면담 과정 중에는 상세한 기록이 어렵기에 면담을 마친 후 기록하여 상담내용을 꼭 정리해 두도록 한다. 부모의 당부사항 등은 따로 중점 지도사항란을 만들어 기록하고 아동에 대한 당부사항 등은 기관 내 다른 교사와도 의견을 나누어 협조를 구할 필요가 있다. 한편 면담에 불참한 부모에 대해서도 관심을 갖고 다시 시간을 조정하여 부모면담을 진행하도록 하고 그래도 참석이 어려운 경우 전화 상담 등으로 대체하여 실시한다(노명숙, 2018).

4. 부모면담의 기본원리

1) 면담 진행 시 교사의 자세

(1) 부모와 친밀한 관계 맺기

교사는 평소에 아동에 대한 관심과 사랑을 그 아동에게뿐 아니라 부모에게도 표현하여 친밀한 관계 맺기를 해 둠으로써 면담 시 진정한 대화가 이루어지도록 한다(하수연, 정재은, 김명지, 김연옥, 김보경, 2017). 교사는 부모에게 신뢰를 주고 친절한 태도로 대하고 부모가 편안히 이야기할 수 있도록 유쾌한 분위기를 만들어 가야 한다. 단 너무 재미 위주로만 가다 보면 상담의 논지가 흐려질 수 있기 때문에 주의할 필요가 있다(노명숙, 2018).

(2) 부모의 이야기 충분히 들어 주기

면담의 초반에는 부모가 하는 말을 충분히 많이 들어 주어야 한다. 부모가 의견을 이야기할 때에는 반응적이고 적극적인 경청의 모습을 보여 편안한 분위기를 형성해 가야 한다. 특히 반응이 없고 부끄러워하는 부모에게는 교사가 대화를 독점하지 않고, 개방적인 질문을 통해 부모의 생각을 이끌어내며 반응할 시간을 주는 것이 좋다. 교사는 말을 많이 하기보다는 부모의 이야기를 들으려는 태도를 가져야 한다. 부모의 말을 잘 들어 줌으로써 그 자녀의 개인적 특성과 처해있는 상황을 이해할 수 있다.

(3) 부모가 알아듣기 쉽고 편한 말로 하기

면담의 내용은 부모가 알아듣기 쉽게 해야 한다. 일반적으로 사용하는 어휘를 사용하고 교육전문용어를 사용할 때도 쉬운 용어로 풀어서 설명해야 한다. 모르는 용어를 사용한다고 부모가 교사를 전문가로서 더욱 높게 보는 게 아님을 알고 부모의 눈높이에 맞추어 대화해야 한다(노명숙, 2018). 또한 은어, 속어, 반말을 사용하지 않도록 주의해야 한다.

(4) 부모를 조력자로 인정하고 존중하기

교사는 부모와 아동의 발달을 함께 조성해 가는 협력적 관계를 맺기 위해서는 다음 사항을 고려하여 면담하는 것이 좋다(황해익 외, 2014).

- 먼저 부모의 마음을 이해해야 한다. 부모는 누구나 자녀에게 각별한 관심을 갖고 있기 때문에 자녀에 대해서 어떻게 생각하고 어떻게 느끼고 있는지 이해하는 것이 필요하다.
- 비판적이고 지시적인 발언을 삼간다.
- 훈육식으로 말을 하지 않도록 하고, 부모의 의견을 충분히 듣고 대답한다.
- 예의를 갖추고 해야 할 말과 하지 말아야 할 말을 구분한다.
- 교사가 모든 것을 알고 해결해 줄 수 있는 것처럼 말하지 않는다.

2) 문제행동 지도 시의 교사의 자세

문제행동을 보이는 아동을 위해서는 특히 부모면담이 매우 필요한데 이는 아동의 문제행동은 그 아동만의 문제에서 비롯된 것이 아니기 때문이다. 즉, 아동의 문제행동 표출은 아동이 주위 사람들과 좋은 관계를 발전시켜 나갈 수 없는 상태임을 상징적으로 말하고 있기 때문이다(현정환, 2009).

(1) 부모와 신뢰로운 관계 형성하기

교사는 아동에게서 문제행동이 반복적으로 발견되면 초기 관찰을 통해 문제행동을 확인하고 지도계획을 수립하기 전에 부모면담을 요청하게 된다. 부모와 기관은 바람직한 아동의 발달이라는 공동의 목표를 달성하기 위해 함께 노력하고 협력하는 동반자적 관계에 있어야 하며 서로 상호 의존적으로 유대관계를 맺어 나갈 때 각자의 역할을 좀 더 원활히 수행할 수 있게 된다. 이러한 관계는 부모와 교사가 상호 긍정적이고 신뢰로운 관계에 놓여 있을 때는 큰 어려움 없이 맺어질 수 있다. 서로 대립하고 갈등하는 관계에 놓여 있다면 면담을 요청하고 실시하는 것이 쉽지 않은 일이다(이영훈 외, 2007).

(2) 상담자로서의 역할 수행하기

교사는 전문적인 상담가는 아니지만 문제행동을 보이는 아동에 대한 부모면담 시간에는 아동을 통해 발생되는 여러 가지 문제를 해결하기 위해 상담자로서의 역할을 수행할 수 있어야 한다. 아동의 문제행동 지도라는 목적뿐 아니라 아동의 정상적이고 바람직한 방향으로의 발달이라는 교육적 목표 달성을 위해 기본적인 상담 기술이나 방법을 익히는 것이 필요한 것이다.

상담은 사람들 간의 만남을 통해 친밀한 관계를 형성하고, 서로에 대한 신뢰를 바탕으로 수용과 공감 그리고 이해를 통해 문제를 해결해 나가는 과정이다. 사실 상담과 교육은 개인의 잠재적 능력을 개발하고 자아실현을 통해 행복한 삶을 위한 방향을 제시한다는 점에서 동일한 목표를 가지고 있다. 그러므로 부모와의 상담에 임하는 교사는 상담에 필요한 대화기술, 부모 유형별 상담전략, 부모 상담 시 유의할 점 등을 이해함으로써 상담에 대한 기본적인 지식을 가지고 있어야 한다(이영훈 외, 2007).

(3) 부모의 감정, 정서, 마음을 공감해 주기

교사는 아동의 문제행동이 부모의 잘못된 양육태도나 가치관에 의한 것이고 따라서 부모에 대한 양육방법 지도가 요구된다는 생각에서 접근하기보다는 부모가 그동안 문제행동을 보이는 자녀를 지도하면서 신체적·정신적으로 고통스러웠을 것임을 이해하고 공감하는 것에서 시작해야 한다.

이를 위해서 특히 문제행동을 보이는 자녀의 부모를 비난하거나 가르치려고 해서는 안 된다. 부정적인 시각으로 부모를 바라보면서 "그래서 아이가 그런 문제행동을 보이는 거예요."라고 생각하거나 말하는 것보다는 긍정적인 시각으로 긍정적인 피드백의 예를 사용하여야 한다. 질타하는 어조가 아니라 배려 있는 말로 상대방을 존중하면서 말해야 마음을 변화시킬 수 있다(노명숙, 2018).

(4) 긍정적 장점을 먼저 칭찬하고 부정적 행동에 접근하기

교사가 아동의 문제행동에 대해 부모에게 이야기해야 할 경우에는 아동의 긍정적이고 장점이 되는 행동이나 성향을 먼저 부각시켜 칭찬하고 이후 행동수정이 요구되는 행동에 대한 이야기를 덧붙이는 형식을 취하는 것이 좋다. 또한 부정적 행동에 대해서는, 예를 들어 "이 아이는 공격적인 아이예요."라는 식의 부정적이고 단정적인 어휘를 사용하기보다는 공격적 행위가 나타났던 사건이나 상황을 구체적으로 진술해줌으로써 아동이 공격적 성향이나 행동이 보임을 말해주는 것이 좋다. 부정적 어휘는 부모의 거부감을 일으키고 이에 대해 수용하기 어렵게 만드는 부분이 있지만 평소 교사가 관찰을 통해 얻게 된 구체적 상황의 진술은 부모에게 문제의식을 명확히 갖게 하고 큰 감정적 거부감 없이 자녀의 문제를 해결할 의지를 갖게 한다.

	👩‍🏫 **부모면담 이렇게 해 보세요**	
인사	• 교사: 어머니 시간 내 주어서 감사합니다. 오시느라고 더우셨지요? (부모의 대답을 기다립니다)	
도입	• 교사: ○○이는 이번 주에 잘 지냈어요. 특히 ○○에 관심을 새롭게 보였어요. 집에서는 ○○이와 어떻게 지내세요? (부모의 이야기를 경청합니다)	
본론	• 교사: 오늘 면담을 요청드린 이유는 ○○이가 어린이집에서 생활하는데 □□한 부분이 있어서요. 제가 관찰자료를 좀 준비했는데 봐 주시겠어요?	
	• 교사: 집에서는 제가 관찰한 행동들이 보이지 않았나요? 보였다면 어떻게 나타났나요? [부모의 이야기(가정에서의 생활)를 경청합니다.]	
	• 교사: 제 생각에는 전문가에게 가서 한 번 상담을 받아보시면 어떨까 해요 (부모가 동의하는 경우 상담 가능한 전문가에 대한 관찰 자료를 제공합니다. 부모가 동의하지 않는 경우, 관찰 자료를 주면서 가정에서 아버지 등의 양육자와 의논 후에 다시 면담 날짜를 정합니다)	
	*부모가 자녀의 문제를 받아들이기를 거부하는 경우, 영유아를 관찰하면서 지속적으로 면담을 시도하고자 노력해야 합니다.	

출처: 중앙육아종합지원센터(2021.01.20.a), p. 17.

(5) 부모 스스로 통찰을 얻도록 도와주기

부모는 교사의 의견을 수용만 하는 것이 아니라 스스로 방법을 찾는 주체가 될 필요가 있다. 부모도 충분히 지지를 받게 되면 힘이 생긴다. 따라서 잘 들어주고 그들 스스로 해법을 찾도록 도와야 한다. 상담은 스스로 통찰하게 하는 것이다. 예를 들어, "아하! 그래서 그랬구나!"라고 깨닫게 되면 미래를 설계할 수 있게 된다. 이를 통해 아동의 문제행동에 대한 원인을 부모와 함께 모색해 보고 가정-기관이 연계하여 도움을 줄 수 있는 계기가 된다.

(6) 아동 주변 환경의 중요성을 인지하기

아동은 유아기에는 부모나 형제 등과의 관계가 매우 밀접하기 때문에 만일 이들과의 관계에서 어떤 문제가 생기는 경우 스트레스를 느끼면서 문제 행동을 보이기도 한다. 이처럼 문제행동의 표출 이면에는 주변 환경과의 관계로 인한 문제 상황이 존재하며, 아동의 문제행동은 단지 그 문제 상황의 대변자에 지나지 않는 것이다. 그러므로 아동의 문제행동은 아동이 문제라는 인식보다는 아동을 둘러싼 인적ㆍ물적 환경과의 관계성의 문제로 이해하는 것이 중요하다. 결국 아동의 문제행동에 대한 이해와 지도는 부모의 양육 태도만이 아니라, 가족 전체의 인간관계를 파악하여 전체적 역동성을 생각하면서 접근하는 것이 중요하다(현정환, 2009).

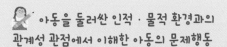

아동을 둘러싼 인적ㆍ물적 환경과의
관계성 관점에서 이해한 아동의 문제행동

하얀 도화지에 한 마리의 흰 토끼 그림. 어떻게 하면 될까?
토끼 그림의 배경을 검정색으로 칠하면 된다. 이런 그림을 한 번 그려 보면 눈에 띄는 것(토끼)은 눈에 띄게 하는 것(배경)과의 관계에 의해 드디어 표출(표현)된다는 것을 알 수 있다. 또한 동일한 토끼가 흰색 배경과 검정색 배경에 따라 다르게 보인다는 사실도 알 수 있다.

출처: 현정환(2009). p. 37.

즉, 교사가 아동을 이해한다고 할 때, 먼저는 아동의 개인적 발달의 양상을 있는 그대로 볼 수 있는 종적 이해가 필요하지만 이와 더불어 횡적인 이해, 즉 아동을 둘러싸고 있는 환경과 상황의 이해가 병행되어야 하는 것이다. 그들이 가정에서 가족구성원으로 어떤 위치에 있는가, 또래와 집단에서는 어떠한가, 지역사회에서는 어떤 환경에 있는가? 등을 살펴야 하는 것이다. 횡적인 이해를 통해 아동의 관찰된 행위 이면의 동기와 이유를 보다 정확하게 파악할 수 있게 된다(최지영, 2010).

부모상담 Tip Q A

Q • 집에서는 안 그러는데, 어린이집만 가면 아이가 배변실수를 해요. 이제 유아반인데 문제가 있는 건 아닌지 걱정이에요.

• 선생님이 우리 아이가 또래에 비해 발음도 부정확하고, 사용하는 단어도 너무 적은 것 같다고 하세요. 집에서 할머니, 할아버지나 엄마, 아빠랑 이야기하는 데는 아무 문제가 없는데, 선생님이 너무 걱정이 심하신 건 아닐까요?

A 집에서는 그러지 않는데 어린이집에 가면 문제행동을 보이는 아이, 다른 어린이집에서 그런 적이 없는데 새로 옮긴 어린이집에서 문제행동을 보이는 아이의 경우, 환경의 변화로 인한 부적응 행동을 나타내는 것일 수 있습니다. 일반적인 기준에서 볼 때 발달이 느린 아이, 새로운 기관에 부적응하는 아이의 경우에는 장애위험을 가진 아이와는 다르게 부모와 교사의 행동변화만으로 문제를 해결할 수 있습니다.

출처: 중앙육아종합지원센터(2021.01.20.a), p. 5.

참고문헌

강은진, 이미화, 예한나(2019). 누리과정 효과성 분석 연구(Ⅱ): 누리과정 개정에 따른 KICCE 유아관찰척도
　　　개발 및 시범적용. 육아정책연구소.

강현경(2009). 유아 사회적 행동 척도 개발 및 타당화. 중앙대학교 대학원 박사학위논문.

경기도유아교육진흥원(2013). 3-5세 연령별 누리과정 유아평가 예시문.

곽금주, 장승민(2019). K-WISC-V 실시와 채점 지침서. 서울: 인싸이트

교육부, 보건복지부(2019a). 2019 개정 누리과정 해설서. 세종: 교육부, 보건복지부.

교육부, 보건복지부(2019b). 2019 개정 누리과정 놀이실행자료. 세종: 교육부, 보건복지부.

교육부, 보건복지부(2019c). 2019 개정 누리과정 놀이이해자료. 세종: 교육부, 보건복지부.

교육부, 육아정책연구소(2019). 유아·놀이중심 교육활동 지원을 위한 '놀이, 아이들로부터 배우자'. 교육
　　　부, 육아정책연구소(편), 중앙연수 세미나 자료집(pp. 1-135). 대전: 롯데시티호텔, 크리스탈볼룸.

권정윤, 안혜준, 송승민, 권희경(2013). 유아생활지도. 서울: 학지사.

권현주(2005). 자녀의 전자 포트폴리오 평가에 참여한 어머니의 경험. 한국교육대학교 교육대학원 석사학
　　　위논문.

김경회, 한성희, 김혜금(2018). 아동관찰 및 행동연구. 경기: 정민사.

김성원, 박영신, 석은조, 오성숙, 최효정(2017). 아동생활지도. 경기: 양성원.

김송이, 정지나, 최혜영, 민성혜(2009). 영유아 관찰 및 실습. 경기: 양서원.

김신옥, 이현정(2016). 영유아 관찰 및 평가. 경기: 공동체.

김이영, 김태인, 김현정, 송명숙, 이지민, 한석실(2015). 아동관찰 및 행동연구. 경기: 정민사.

김준규, 박희숙, 추성경(2005). 유아생활지도. 서울: 동문사.

김지은(2014). 영유아 행동관찰의 이해. 경기: 정민사.

김혜윤, 김길숙, 좌승화, 최애경(2018). 아동관찰 및 행동연구. 경기: 양서원.

김희진, 박은혜, 이지현(2011). 영유아교육기관에서의 관찰. 서울: 창지사.

노명숙(2018). 아동관찰 및 행동연구. 서울: 창지사.

문혁준, 서소정, 이주연, 정지나, 하지영, 김민희(2013). 아동생활지도. 서울: 창지사.

박시현(2015). 청소년의 학습된 무력감과 감각추구성향이 위험행동에 미치는 영향—보호요인의 조절효과—. 대구한의대학교 대학원 박사학위논문.

박혜원, 이경옥, 안동현(2015). WPPSI-IV: 기술지침서. 서울: 학지사 심리검사연구소.

방희정, 남민, 이순행(2019). (K-Bayley-III) 한국형 베일리 영유아 발달검사 : 3판 : 기술지침서. 서울: 인싸이트.

배윤진, 강은진, 엄지원(2020). 누리과정 효과성 분석 연구(III): 유아관찰앱 개발 및 적용. 육아정책연구소.

백양희(2014). 아동청소년 그림 진단 및 해석—KFD, K-HTP, DAP 중심. 서울: 학지사.

보건복지부(2020). 제4차 어린이집 표준보육과정 해설서. 세종: 보건복지부

서울특별시육아종합지원센터(2019). 좋은 교사되기 핸드북II 놀이하는 영유아와 함께하기1. p. 12.

서현아, 하선혜, 박소윤, 강현미, 한희정, 김산아(2018). 아동관찰 및 행동연구. 경기: 양서원.

성미영, 전가일, 정현심, 김유미, 정하나(2017). 아동관찰 및 행동연구. 서울: 학지사.

송인섭, 강갑원, 이경화(2008). 아동연구방법. 서울: 동문사.

신민섭, 김수경, 김용희, 김주현, 김향숙, 김진영, 류명은, 박혜근, 서승연, 이순희, 이혜란, 전선영, 한수정(2002). 그림을 통한 아동의 진단과 이해—HTP와 KFD를 중심으로. 서울: 학지사.

신희선, 한경자, 오가실, 오진주, 하미나(2002). 한국형 Denver II 검사지침서. 서울: 현문사.

심윤희(2012). 부모가 바라보는 유아 포트폴리오 평가와 평가참여. 유아교육·보육행정연구, 16(1), 29-57.

안선희, 문혁준, 김양은, 김영심, 안효진, 이경옥, 신혜원(2015). 아동관찰 및 행동연구. 서울: 창지사.

양명희, 임유경(2016). 유아행동 관찰 및 평가. 서울: 학지사.

연구윤리정보센터(2021). 아동 및 청소년을 대상으로 하는 윤리적인 연구(Ethical Research Involving Children). https://www.cre.or.kr에서 2021. 2. 11. 인출.

오은영(2016). 오은영의 마음처방전: 행동. 경기: 웅진리빙하우스.

우수경, 고정리(2020). 아동관찰 및 행동연구. 경기: 공동체.

원광아동상담센터(2015). 엄마가 모르는 아이마음: 행동 사례를 통해 보는 내 아이의 속마음. 서울: 싸이프레스.

위키백과(2020.10.31.). 행동.

이경진(2008). 전래동요를 활용한 놀이 경험이 유아의 놀이성 및 음악적 선호에 미치는 영향. 중앙대학교 대학원 석사학위논문.

이소영, 임재택(2020). 2019 개정 누리과정에 따른 아이중심·놀이중심 관찰 기록. 경기: 공동체.

이순형, 김유미, 김은영, 김진경, 김태연, 서주현, 안혜령(2013). 아동생활지도. 서울: 학지사.

이영훈, 주연희, 김성수(2007). 유아문제 행동의 이해 및 지도. 서울: 태영출판사.

이우경(2018). SCT 문장완성검사의 이해와 활용. 서울: 학지사.

이정환, 박은혜(2009). (교사들을 위한) 유아 관찰 워크북. 서울: 아이코리아.

이해정, 강현영, 서현아, 엄세진, 윤정진, 좌승화(2018). 교육평가. 경기: 공동체.

임정희(2020). 유아의 자기주도성과 친사회적 행동 신장을 위한 협동적 놀이프로그램 개발 및 적용효과. 단
　　국대학교 대학원 박사학위논문.

전남련, 김인자, 백향기, 황연옥(2016). 아동관찰 및 행동연구. 경기: 양서원.

전남련, 김재환, 이혜배(2007). 아동행동 연구 및 관찰평가. 서울: 창지사.

전창민, 김정미, 박성애, 유혜정, 이은주(2018). 아동관찰 및 행동연구. 서울: 학지사.

정옥분(2018). 영유아발달의 이해. 서울: 학지사.

정이비(2014). 마리아 몬테소리 관찰의 즐거움: 스스로 창조하는 아이들을 만나는 시간. 서울: 한울림

정철순(2020). 유아의 친사회적 행동, 생명존중인식, 자아효능감 향상을 위한 산림치유프로그램 개발 및 효
　　과 검증. 충북대학교 대학원 박사학위 논문.

정혜순(2010). 초등학생이 부모의 체벌과 공격성, 또래관계에 관한 연구. 아주대학교 대학원 석사학위논문.

조윤경, 김경혜(2014). 아동관찰 및 행동연구. 경기: 공동체.

중앙육아종합지원센터(2020a). 2020년 평가제 자체점검보고서 서식. http://central.childcare. go.kr/ccef/
　　community/data/DataImgSl.jsp?BBSGB=42&flag= Sl&BID=388649

중앙육아종합지원센터(2020b). 2020 영유아 관찰 · 평가 및 개별면담 기록서식. http:// central.childcare.go.kr/
　　ccef/community/data/DataImgSl.jsp?BBSGB= 42&flag= Sl&BID=374896

중앙육아종합지원센터(2021.01.20.a). (교사용) 한 눈에 보는 장애위험 영유아 지원 가이드북.

중앙육아종합지원센터(2021.01.20.b). (부모용) 한 눈에 보는 장애위험 영유아 지원 가이드북.

위키백과(2002). 행동문제의 분류. https://ko.wikipedia.org.

최영희(2017). 아동관찰 및 행동연구. 서울: 공동체.

최영희, 김영희, 심희옥, 심미경(2009). 아동상담. 서울: 창지사.

최영희, 홍종원, 배경란(2018). 아동생활지도. 경기: 공동체.

최지영(2010). 아동생활지도: 자율적인 생활 습관/안정적이고 통합된 사고/체계적인 성장과 발전. 서울: 동문사.

최혜순(2011). 유아 생활지도. 서울: 신정.

하수연, 정재은, 김명지, 김연옥, 김보경(2017). (유아교사를 위한) 생활지도 및 상담. 고양: 공동체.

한국유아교육학회(1996). 유아교육사전: 용어편. 서울: 한국사전연구사.

한국청소년정책연구원 (2014). 아동 · 청소년 대상 연구윤리가이드라인 개발 연구. 연구보고 14-R25.

현정환(2009). 아동상담. 서울: 창지사.

황윤세, 양옥승(2001). 유치원에서의 효율적인 포트폴리오 평가 방법 연구. 아동학회지, 22(1), 191-211.

황해익(2009). 유아교육평가의 이해. 경기: 정민사.

황해익(2017). 아동연구방법. 경기: 정민사.

황해익, 손원경, 정혜영, 유수경(2017). 아동관찰 및 실습. 경기: 양서원.

황해익, 송연숙, 이경화, 남미경, 김남희, 손유진, 이혜은, 최혜진, 정혜영, 손원경, 민순영(2004a). 유아용 검

사편람 I. 서울: 정민사.

황해익, 송연숙, 이경화, 남미경, 김남희, 손유진, 이혜은, 최혜진, 정혜영, 손원경, 민순영(2004b). 유아용 검
　　사편람 II. 서울: 정민사.

황해익, 송연숙, 정혜영, 유수경(2013). 영유아 행동관찰법. 서울: 창지사.

황해익, 송연숙, 최혜진(2009). 유아행동 관찰법. 서울: 창지사

황해익, 송연숙, 최혜진, 정혜영, 손원경(2009). (2007년 개정 유치원 교육과정에 따른) 유아 포트폴리오 평가. 서
　　울: 창지사.

황해익, 최혜진, 권유선(2019). 아동관찰 및 행동연구. 경기: 공동체.

황해익, 최혜진, 정혜영, 권유선(2014). 아동관찰 및 행동연구. 경기: 공동체.

Alberto, D. A., & Troutman, A. C. (2003). *Applied behavior analysis for teachers*. Merrill Prentice Hall.

Bell, D. R., & Low, R. M. (1977). *Observing and recording children's behavior*. Richland, WA:
　　Performance Associates.

Birenbaum, M., & Dochy, F. J. R. C. (1996). *Alternatives in assessment of achievements, learning
　　processes and prior knowledge*. Boston: Kluwer Academic.

Brandt, R. M. (1972). *Studying behavior in natural settings*. New York, Holt, Rinehart and Winston. Inc.

Brualdi, A. C.(1996). *Multiple Intelligences: Gardner's Theory*. ERIC learin house on Assessment and
　　Evaluation. Washington DC.

Campbell, S. B., Shaw, D. S., & Gilliom, M. (2000). Early externalizing behavior problems: Toddlers and
　　preschoolers at risk for later maladjustment. *Development and Psychopathology, 12*, 467-488.

Dishion, T. J., Shaw, D., Connell, A., Gardner, F., Weaver, C., & Wilson, M. (2008). The family check-
　　up with high-risk indigent families: preventing problem behavior by increasing parents' positive
　　behavior support in early childhood. *Child Development, 79*(5), 1385-1414.

Eisenberg, N. (1982). *The development of prosocial behavior*. New York: Academic Press.

Essa, E. (2011). *What to do when: practical guidance strategies for challenging behaviors in the
　　preschool*. 나를 좀 도와주세요. 정갑순, 김현경, 김성원 역 (2014). 창지사: 서울.

Gelfer, J, I., & Perkins, P. G. (1998). Portfolios: Focus on young children. *Teaching Exceptional Children,
　　31*(2), 44-47.

Gronlund, G. (1998). Portfolios as an assessment tool: Is collection of work enough? *Young Children,*
　　4-10.

Harris, M. E. (2009). Implementing portpolio assessment, *Young Children, 64*(3), 82-85.

Kingore, B. (2008). *Developing portfolios for authentic assessment: Guiding potential in young learners*.
　　Thousand Oaks, CA: Corwin press.

Kolb, B., & Whishaw, I. Q. (2011). *An introduction to brain and behavior*. 김현택, 김명선, 김재진 역 (2014). 뇌와 행동의 기초. 시그마프레스: 서울.

Macdonald, S. (1997). *The Portfolio And Its Use: A road map for assessment*. Southern Early Childhood Association.

McAfee, O., & Leong, D. J. (2008). *Assessing and guiding young children's development and learning* (4th ed.). Simon & Schuster, Inc. 발달과 학습에 대한 유아평가. 김경철, 이진희, 최미숙, 황윤세 역 (2008). 서울: 학지사.

Northwest Evaluation Association. (1990). *Writing Portfolio assessment issues and concerns*(NWEA writing assessment conference). Lake Oswego, OR: Author.

Paulson, F., Paluson, P., & Meyer, C. (1991). What makes a portfolio? *Educational Leadership, 48*(5), 60–63.

Seligman, M. E. P. (1968). The allevation of learned helplessness in the dog. *Journal of Abnormal Psychology, 73*, 256–262.

Seligman, M. E. P. (1975). *A Helplessness: On Depression Development and Death*. San Francisco: W. H. Freeman.

Shores, E. F., & Grace, C. (1998). The portfolio book: *A step-by-step guide for teachers*. Beltsville, MD: Gryphon House Inc.

Valencia, S. W., & Place, N. (1994). Literacy portfolios for teaching, learning, and accountability. In S. W. Valencia, E. H. Hiebrt, & P. Afflerbach(Eds.), *Authentic reading assessment: practices and possibilities*(pp. 134–156). Newark, D. C.: International Reading Association.

Vavrus, L.(1990). Put portfolios to the test. *Instructor, 100*(1), 48–53.

Walker, J. E., Shea, T. M., & Bauer, A. M. 2007/2011. Behavior Management: a Practical Approach for Educators. 교육자를 위한 실제적 접근: 행동관리. 시그마 프레스: 서울.

Wortham, S. C. (2008). *Assessment in early childhood education*(5th ed.). Upper Saddle River, NJ; Merrill/Prentice Hall.

누리과정 포털사이트 https://i-nuri.go.kr/main/module/dataManage/index.do?cate_menu_idx=3&menu_idx=111

EBS 다큐멘터리 아기성장보고서 3편, 〈애착, 행복한 아이를 만드는 조건〉.

저자 소개

강현경(Kang HyunKyung)

중앙대학교 유아교육학과 학사
중앙대학교 유아교육학과 석사
중앙대학교 유아교육학과 박사
현 군산대학교 아동가족학과 교수

김성숙(Kim SungSuk)

중앙대학교 교육학과 학사
중앙대학교 유아교육학과 석사
중앙대학교 유아교육학과 박사
현 대원대학교 유아교육과 교수

김정희(Kim JungHee)

중앙대학교 유아교육학과 학사
중앙대학교 유아교육학과 석사
중앙대학교 유아교육학과 박사
현 군산대학교 아동가족학과 교수

아동관찰 및 행동연구

Child Observation and Behavioral Research

2021년 8월 20일 1판 1쇄 인쇄
2021년 8월 25일 1판 1쇄 발행

지은이 • 강현경 · 김성숙 · 김정희
펴낸이 • 김진환
펴낸곳 • ㈜ **학 지사**

　　　04031 서울특별시 마포구 양화로 15길 20 마인드월드빌딩
대표전화 • 02-330-5114　　팩스 • 02-324-2345
등록번호 • 제313-2006-000265호

홈페이지 • http://www.hakjisa.co.kr
페이스북 • https://www.facebook.com/hakjisabook

ISBN 978-89-997-2455-8 93370

정가 18,000원

출판 · 교육 · 미디어기업 **학 지사**

간호보건의학출판 **학지사메디컬** www.hakjisamd.co.kr
심리검사연구소 **인싸이트** www.inpsyt.co.kr
학술논문서비스 **뉴논문** www.newnonmun.com
교육연수원 **카운피아** www.counpia.com